自分の中から「めんどくさい」心に出ていってもらう本

内藤誼人

青春新書
PLAYBOOKS

「やろうやろうと思っても、なかなかできない」

「何事も考えすぎて、行動に移せない」

「すぐに気が散ってしまい、集中力が続かない……」

それは、あなたに「やる気」や「集中力」が
ないからではありません！

「めんどくさい」という心が
とりついているだけです！

だから、自分で自分に心理法則を使って、
出ていくように、うまく仕向ければいいのです。

この本で紹介する「シンプルな仕掛け」で
自分の思考と感情が
面白いほどコントロールできるようになります！

はじめに

「私は、生まれつきやる気のない人間なんです」

「私は、もともと意欲的になれないんです」

「私は、何をするにしても長く続けられないんですよね」

「何かをやろうとすると、すぐに気持ちがくじけちゃうんです」

　読者のみなさんは、自分自身に対してそのような考えを抱いているのではないかと思われる。けれども、それはみなさんが特にやる気のない人間だからではなくて、大半の人がそうなのである。サボりたがるのは、みなさんだけではないのだ。

　いつでもやる気に満ちあふれ、何事に対しても熱意と情熱をもって取り組んでいけるような、そんな「熱い人間」はそうそういるわけではない。というより、そんな人はまずいない。勉強をやろうとしても30分と集中力が続かず、ダイエットを試みても2日で諦めてしまうのが、普通の人間というものではないだろうか。

「そうはいっても、やる気がある人は、世の中にいっぱいいるんじゃないでしょうか？」

と反論したい読者もいらっしゃるであろう。

しかし、それは違う。

「やる気がある」ように見える人だって、本当は「面倒くさい」と感じているはずなのだ。人間はもともと怠惰な生き物なのであって、エネルギッシュで、熱意をもって何かに取り組んでいるように〝見える〟人だって、ホンネはサボりたいのだ。

けれども、彼らは「いろいろな心理法則」を使って、どうにかこうにか、自分を騙しながらやる気を手に入れているだけなのである。

大相撲の力士たちは、みな稽古熱心であるが、生まれつき「練習が大好き」なわけではない。彼らは、生まれつき意欲的な性格なのではない。「土俵には、女とカネが埋まっているぞ！」と信じて、自分を騙しながら、モチベーションを高めているのである。

プロのスポーツ選手が、血反吐《ちへど》をはくほどのトレーニングに耐えるのも、ビジネスの成功者が土日を返上してハードワークできるのも、彼らが生まれつき「勤勉体質」のようなものを持っているからではない。あれこれと心理法則を使いながら、「面倒くさいなあ」と感じないように努めていたり、楽しい気持ちで取り組めるように自分を騙すのがうまいだけなのである。

面倒くさいという心が仮に湧き起こったとしても、その気持ちを上手に出ていってもらうようにうまく仕向けるのである。

どうせやらなければならないことなら、なるべく精神的な苦痛を感じずにこなしたい。

本書は、そんな都合のいいことを考えている読者のみなさんにぜひお読みいただきたい。「面倒くさい」という気持ちを払拭《ふっしょく》する心理テクニックを活用していただければ、みなさんは、これまで以上に楽しい人生を歩めるようになるであろう。どうか最後までよろしくおつき合いいただきたい。

内藤　誼人

自分の中から「めんどくさい」心に出ていってもらう本

目次

Part 1

「面倒くさがりや」だからできる心理作戦

ちょっとしたことで面倒がなくなる！楽しくやれる！

Part 2

手間のかかる仕事、職場の人間関係……
面倒くさいことを「心理的にラク」にする技法

Part 4

そもそも、なぜ「面倒くさい」と感じてしまうのか
自分の中の「負の心理パターン」を断ち切ろう

Part 5

すぐ行動できる人がやっていること
面倒くさがらない体質に生まれ変わる「習慣力」

Part 6

思いどおりの自分になるために
自分の感情と思考を自在にコントロールする心理学

column

カバー・本文イラスト　坂木浩子
本文デザイン・DTP　岡崎理恵

Part **1**

「面倒くさがりや」だからできる心理作戦

ちょっとしたことで面倒がなくなる！楽しくやれる！

1 「表情筋の動きで、脳を「楽しい」とカン違いさせる」

私たちは、楽しいことをやっているときには、まったく面倒だと感じない。自分がやりたくないことは短時間でも面倒くさいのに、自分の好きなこと、楽しいことであれば、何時間もぶっ続けでやっても平気なのである。

趣味でやっているプラモデル作り、海釣り、スノーボードなどは、何時間やっていても楽しいとしか感じない。これはいったいどういうことなのか。

その理由は、私たちの脳にある。

私たちは、「楽しいな」と思うと、脳内からドーパミンという神経伝達物質が分泌される。ドーパミンが分泌されているから、私たちはまったく疲れずにいつまでも気持ちよく続けられるのである。

ドーパミンを出すコツは、とにかく楽しく感じることである。楽しくやろうと思えば、快感神経が刺激され、やる気を起こさせる側坐核《そくざかく》という領域も活性化してくる。

では、どうすれば楽しく感じるのか。

それには、一分間、笑顔を作ってみるのが手っ取り早い方法である。

私たちの感情は、自分のしている表情によって影響を受ける。これを「顔面フィードバック仮説」という。私たちの脳は、笑顔を作っていると、「きっと楽しいに違いない」と勘違いして、楽しさを感じさせるように機能するのである。

実際、米国フェアレイ・ディッキンソン大学のチャールズ・ニューホフが、21歳から43歳までの22名に「1分間、笑顔を作ってください」とお願いしてみたところ、「楽しい」という感情が起きたという。

「イヤだなあ」

「やりたくないなあ」

作り笑いでも脳はだませる
「楽しい」という感情が起きる

という表情を作って取り組むと、私たちの脳は、「つまらないことをしている」と感じて、退屈や嫌悪を感じさせるように指令を出す。

ところが、同じ作業をするときにも、笑顔を作って取り組むと、楽しさを感じさせるように指令を出してくれるのである。

作り笑いでもいいので、とにかく1分間、笑顔を作ってみてほしい。

それから、目の前の課題に取り組んでみてほしい。自分でも驚くほど、楽しいと感じながら作業をこなせることが実感できるであろう。

私たちの脳は、ムリに作った笑顔なのか、ホンモノの笑顔なのかを識別できない。ムリに作らされた笑顔であろうが、とにかく笑顔の表情を作ってみれば、「これは、きっと楽しいことをやっているのだな」と勘違いしてくれて、楽しさの感情を引き出すように動いてくれるのである。

1分間、笑顔を作ってから取り組む

2 「口にした言葉通りの感情」になる不思議

ムリに作り笑顔を作っていると、なぜか楽しくなってくるという話をした。

さらに、もう一つのアドバイスを付け加えると、できれば周囲の人たちに、自分のやっていることがいかに楽しいのか、いかに面白いのかを語るようにするといい。

「俺の仕事は、面白くてしかたない」

「今の仕事は、ホントに天職だと思う」

「楽しいから、一日20時間でも働きたい」

そんなことをウソでもいいから語るようにするのである。

すると、どんなことが起きるかというと、本当に楽しくて、楽しくて、しかたがないような気持ちになるのである。

「心にもないことを口にして、何の意味があるのか？」

と怪訝《けげん》に思う読者もいらっしゃるであろう。

しかし、たとえ心にもないことだろうが、口に出していると、本当の楽しさを引き出す結果へとつながるのである。

スタンフォード大学のレオン・フェスティンガーは、段ボール箱の積み下ろしといった、基本的に無意味で、退屈きわまりない作業を実験参加者に延々とやらせてから、「申し訳ないのだが、次の被験者に、作業は面白いよ」とウソをついてくれないか、とお願いした。

参加者たちは、実験者がそう求めたので、しぶしぶウソをつかなければならなくなったわけだが、その後で作業の面白さを尋ねられると、「意外に面白かった」と感じるようになったというのである。

「あー、面白い」と口ぐせのように唱えていると、本当に面白いという感情が引き出されてくる。

食事をするとき、**「うまい！」「おいしい！」と言って食べていると、本当においしく感じられる**のも同じメカニズムである。

逆に、どんなにおいしい料理でも、「マズイ」「おいしくない」と口に出して言っていると、本当においしいと感じられなくなってしまう。

私の母などは、経験的にこの心理学の原理を知っていたのか、「食事のときには、おいしいと口に出しながら食べなさい」とくり返し私に言って聞かせた。

そのため、私は今でも、何を食べるときにも「うまい、うまい」と言って食べている。もちろん、本当においしく感じるのだから不思議なものである。自分ではウソだとわかっていても、そう感じるのである。

私たちの脳は、**自分のしている表情にも影響を受けるが、自分のしている発言にも、大きな影響を受けるのである。**

楽しく仕事をしたいのなら、周囲の人にその楽しさを語るようにすればいい。そうすれば、仕事が本当にもっと楽しくなってくる。

ウソでも「これ、面白いぜ」と周囲の人に語りながら、仕事をする

3 「歩き方を変えるだけで、自信がわいてくる」

軍人が行進をするときには、高らかに足をあげて歩く。そうすることによって、「強さ」を周囲の人にアピールしているわけだが、そういう歩き方をすると、本人も「強さ」を感じられているはずだ。

私たちの心は、歩き方によっても影響を受けている。

ツカツカと音を立てて颯爽《さっそう》と歩くようにすれば、心も積極的になっていく。靴の底をズルズルと引きずるように、力のない歩き方をしていれば、やはり心の力も失われていくように感じられるものである。

米国ブランダイス大学のジョアン・モンテパーレは、年齢の異なる人たちに、約8メートルを歩いて、足を振り上げるように歩いていると、その歩き方を見た人たちに、「若々しさ」や「力強さ」や「幸福感」を感じさせることを明らかにしている。

颯爽とした歩き方をしていれば、「あの人って、若々しいよね」という印象を与える。そして、そういう目で見てもらえると、自分も若々しいと思えるようになる。そして、心に力も湧いてくるのである。

元気のない人は、力のない歩き方をしている。

元気がないから、自然とそういう歩き方になってしまうのだろうが、空元気《から》を出して、歩き方くらいは、シャンとさせたい。しっかりした歩き方をするようにすれば、元気も出てくるからである。

ムリにでも笑顔を作っていれば、人は幸せな気持ちになってくるものだという話をしたが、同じメカニズムは、歩き方にも当てはまる。

表情筋の動きだけでなく、**身体動作でも、脳は「楽しい」とカン違いする。**

「楽しいから笑顔になる」のではなく、「笑顔を作っているから楽しくなってくる」のであって、「元気があるから歩き方も颯爽としている」のではなく、「歩き方を颯爽とさせるから、元気も出てくる」のである。

風邪をひいて体調を崩しているときでも、歩き方をしっかりさせると、なぜか気分のほうもシャンとしてくる。「体調が悪いから」といって、力のない歩き方をしていたら、余計に身体がだるくて、何もする気が起きなくなってしまう。

廊下を走っていたら、周囲の人に白い眼で見られてしまうが、軽くスキップするような、そんな軽快な歩き方を心がけよう。

そうすれば、どんな仕事もホイホイと片づけられるような自信が湧いてくるし、やる気も漲《みなぎ》ってくる。

足を高らかに上げて歩く

4 「行動力アップには「鏡」を使え」

ボディビルダーたちがトレーニングするときには、鏡を使う。

漫然とウェイトを持ち上げているだけでも筋肉はつくのだろうが、自分の望む身体をイメージしながら、鏡を見ながらトレーニングするのとでは、成果がまるで違うのだ。

「これでいいのかな?」

と頭の中で考えても、きちんとトレーニングできているのかどうかは判断できない。しかし、鏡を見ながらトレーニングをすれば、きちんとトレーニングできているのがはっきりと確認できるのである。

ダンサーもそうで、いつも鏡張りの部屋でトレーニングをしている。自分の姿を鏡に映し出しながらトレーニングしたほうが、「もっと足を上げたほうがいい」といったことにすぐ気づくことができる。

笑顔を作るときには、できれば鏡を見ながらやろう。

そのほうが、「もっと大きな笑顔を作らなきゃダメだな」ということに簡単に気づくことができるからだ。

鏡を見ないで笑顔を作ろうとすると、たいていの人は、「小さな笑顔」しか作ることができない。自分の表情がよくわからないので、小さな笑顔ですませてしまおうとするのだ。けれども、鏡を使って自分の表情を確認すれば、どんな笑顔なのかをきちんと確認することができる。手を抜いて笑顔を作っていれば、すぐにわかる。

街中を歩いているときには、ウィンドウに映る自分の歩き方も確認してみるといい。「仕事ができそう」と思われるような、そういう颯爽とした歩き方をしているかどうか、鏡に映し出してチェックするのである。

鏡に全身を映し出せば、「こんな歩き方をしていたら、やる気がないと思われてしまうな」と反省したら、もっと胸を張るなり、歩幅を大きくするなりの調整をするのである。鏡を見ながらでないと、こういう細かい調整はなかなかできない。

ただ笑顔を作るとか、ただ歩き方に気をつけるというだけでは、どこか中途半端というか、どうしても手抜きが起きやすい。

ところが、鏡で自分の姿を映し出しながらやれば、そういう手抜きは起きにくくなるのである。

米国モンタナ大学のアーサー・ビーマンによると、**鏡が置いてあるときには、私たちは自意識が高まって、普段以上にしっかりとした行動をとるようになる**そうである。鏡がないと、「まあ、だれも見ていないからいいか」と気分がだらけてしまうらしい。

勉強をするときも、仕事をするときも、自分の横に鏡を置いておくと、手抜きを予防することができるというデータもある。

鏡という小道具は、自分の行動をチェックするためにも、手抜きを予防するためにも、いろいろと活用することができて、非常に便利なのである。

鏡に自分を映し出してみる

5 気が散りやすい人は「ゲーティング」法を利用する

ノーベル平和賞を受賞したシュバイツァーは言っている、「あまりにも多くのことを始める者は、ごくわずかしか達成できない」と。

まさにシュバイツァーの言う通りであり、作業に取り組むときは、必ず一つに絞り込み、それをきちんと仕上げてから、他のことをやるようにしたほうがいい。「あれもやろう、これもやろう」としていると、結局は、何をやるにも時間と労力がかかるからである。

人間は、複数の作業を同時に処理することはできない。

いや、そういう器用な人はいるかもしれないが、たいていの人は、複数のことを一度にはできない。

音楽を聞きながら勉強するとか、テレビを見ながら食事をするくらいならできるかもしれないが、他の人に電話をかけながらパソコンで原稿を書く、といったことはできないのである。

複数の仕事を同時にやろうとすると、時間ばかりかかって、「虻蜂《あぶはち》取らず」という結果になりやすい。だからいつでも取り組むことは一つに絞ったほうがいいのである。そのほうがさっさと片づく。一つを完全に終わらせてから、別の作業をスタートすればいい。

では、どうすれば一つに集中できるのかというと、「視界の中に他の仕事を思い出させるようなものを置かない」ようにするのがポイントだ。

デスクの上に、いくつかの仕事の資料を並べておくと、どうしても他の資料のほうに気が散ってしまう。「ああ、こっちもやらないといけないんだった」と余計なことを考えてしまう。
そのため、他の資料は視界に入らないところに寄せておいて、目の前には、今取りかかっている仕事の資料だけを置こう。そうすれば、気が散ることもない。

集中力が続かない人は、もともと集中力が弱いのではなく、気を散らせるようなものが、視界の中に入っているのである。だから、そちらが気になるのだ。

職場のデスクの上に、自分の好きなフィギュアを置いている人がいるが、それでは仕事に集中することはできない。余計なものは、机の上に置いておいてはいけない。気になるものが視界に入ってくれば、複数の作業を同時にやっているのと同じになってしまうからである。

競馬や馬車などにおいて、馬の視野を制限するために使われる道具に「ブリンカー」と呼ばれるものがある。馬の両目の外側に、視野を遮るカップ状のものをくっつけて、余計なところを見ないようにさせる、いわゆる遮眼帯である。

馬は意外に臆病な動物なので、視界の中に何かおかしなものが入ってくると、暴れたり、興奮したりしてしまう。だからブリンカーをつけて、目の前にあるものだけを見せるようにしているのである。

人間もそうで、目の前の仕事に集中するためには、視界の中に余分なものを置かないようにするのがいい。そうすれば目の前の仕事だけに集中でき、結局は、さっさと片づけることができるのである。

テニス選手などは、観客の応援などの雑音を無視するために、あえてラケットの縫目を凝視する人もいる。野球のピッチャーには、集中力を高めるために、ボールの縫い目を数えたり、ボールに話しかけたりする人もいる。

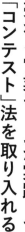

このテクニックは、**「ゲーティング」**（ゲートを閉じる）と呼ばれているのだが、集中力を高めるためには**一点を凝視する**のは、とても効果的なやり方なのだ。

他の仕事は見ないようにする

6 「売れる営業チームが実践している「コンテスト」法を取り入れる」

自分一人で漫然と仕事をしていても、いまいち気分が盛り上がらない。

そんなときには、他の人に勝負を持ちかけてみるのは、どうだろうか。どちらが自分に課せられた仕事を先に片づけることができるのかを競うのである。

お互いが同じ業務をしているのではなくとも、競争しようと思えばできなくはない。

「おい、勝負して負けたほうが（金銭ではなく）ランチを奢ることにしようぜ」と持ちかければ、否が応でもやる気は出てくる。なぜなら、勝負に負けたら、ランチを奢らなければならないからである。だれでも奢られるのは好きだが、奢るのは癪に障るものであるから、手を抜けなくなるのである。

ヒューストン大学のノア・リムによると、60名のセールスマンに仕事をさせるときには、「セールス・コンテスト」を開催したほうが、みんなのやる気は高まったそうである。

ただし、みんなでやるときには、**勝利者が一人よりも、複数の人が勝利できるようにしたほうが張り切って頑張る**のだそうだ。

また、リムによると、**〝個人戦〟ではなく、〝グループ戦〟にする**のもいいアイデアだという。たとえば、15人を1組にして、4グループで競争するのである。こうすれば、みな必死に頑張るであろう。

「いたずらに競争させるのは、どうなのか？」と競争を否定する考え方をする人がいる。

そういう人は、小学校の運動会の徒競走でも、順位をつけることに反対する。それぞれが本気で走ればそれでいいのであって、順位をつけるのはおかしいというのである。

しかし、順位を決めず、「ただ走りなさい」と言われても、子どもたちだって、面白くもなんともないのではないか。競走して勝つのが嬉しいから本気で走るのであり、「勝負ではない」ということであれば、走るのもただ面倒なだけではないかと思う。

仕事でも、どちらがたくさんお客に電話をかけられるのかを競ったり、数字をコンピュータに入力するスピードを競ったりすれば、面白さが高まる。

ただ漫然と勤務時間中だからお客に電話をかけるというのではなく、「2時間で、1番多く電話をかけた人が勝ち」というコンテストにしたほうが、俄然盛り上がることは間違いない。

なお、いつもいつも勝つ人が決まってしまうと、負ける人は悔しいだけであるし、勝つ人だって面白味がなくなるから、次回のコンテストをするときには、負けたほうにはちょっぴりハンデを与えてあげるとよい。そうすると、どちらも必死になってコンテストは面白くなる。

仕事に「コンテスト」を持ち込む

7 「最初のひと手間で、後の面倒を避けられる」

1950年代のアメリカで、ベティ・ネスミスという秘書は、ちょっとした間違いのために、書類を全部タイプし直すのが面倒くさいとずっと考えていた。そして、「全部を直すんじゃなくて、一か所だけ直せないかしら」として考え出したのが、修正液である。

面倒くさいと感じる人のほうが、仕事を「カイゼン」することができ、大きな面倒を避けることができるのである。

そう考えてみると、面倒くさがりであることも、決して悪くはないのではないか。

カナダにあるクイーンズランド大学のジュリアン・バーリングによると、面倒くさいことを事前にやっておくほうが、結局は、仕事がやりやすくなるそうである。

たとえば、毎日、仕事に取りかかる前に、自分がやるべきことをリストアップする人は、そういうリストを作らない人に比べれば、一つ余分な手間をかけていることになる。

やらなくていい作業を、自分で増やしていることになる。

しかし、そういうリストを作っておくからこそ、自分が取り組むべき仕事の優先順位が明確になるのであって、結局は、たくさんの作業をこなせるし、翌日に仕事を持ちこすこともないので、大きな面倒を避けられるのである。

バーリングによると、**あらかじめ面倒なことをやっておくと、「後の面倒」をなくすことができる**。ダンドリ上手は、結局、ラクができるのだ。

取引先に新商品の説明に出向くとしよう。

面倒くさがりの人は、こう考える。

「いつものメンバーじゃないかもしれないから、名刺と資料を余分に補充しておくか。もう一回、足を運ばなきゃならなくなったら面倒だものな」

「担当者は、いつも他社商品との違いを聞いてくるんだよなあ。それじゃ、事前に必要な資料も用意して持っていくか」

面倒でも十分な準備をしておくからこそ、説明は一発で終了する。

何度も訪問する必要がなくて、自分もラクができる。

「面倒だから……」といって、何の準備もしていない人は、よいプレゼンなどできるわけがない。そのため相手からいろいろと質問され、「その点については後日、改めてご説明いたしますから」と、もう一度足を運ばなければならないことになる。これは非常に面倒くさい。

相手に何を聞かれても、資料があればすぐに答えられるし、「気が早いと思われるかもしれませんが、うちのほうの社内決裁はすでにとってありますので」という準備もやっておけば、その場でスムーズに契約もできる。

面倒くさいことは、最初にやってしまおう。

そうすれば、その後でもっと面倒なことをせずにすむ。

面倒くさがりのほうが、うまくいく

8 「たった1通のメールが「大事の前の小事」になる」

「面倒くさいから、あえて小さな面倒をやっておく」という逆説的な考え方は、非常に重要であるので、もう少しだけ論じよう。

掛け算の九九を覚えるのは、たしかに面倒くさい。

しかし、面倒でも九九を覚えておかないと、将来もっと面倒なことになる。つまり九九を最初に覚えてしまうのは、面倒を避けるためでもあるのだ。

スケジュール管理をするのも、面倒くさい。

しかし、スケジュール管理をしておかないと、どの仕事から取りかかればいいのかがわからなくなり、能率的に仕事をこなせなくなる。先の項目でも論じたが、バーリングによると、仕事ができる人ほど、スケジューリング管理をしっかりやっている。

あるいはまた、人の話を聞くときに、ノートや手帳にメモをとるのは面倒くさいと思うかもしれない。

だが、きちんとメモをとって記録を残しておけば、「お前はそう言った!」「いいや、言ってない!」という煩わしいやりとりをしないですむ。人間の記憶などいいかげんだから、20分もすれば8割も忘れてしまう。だから、メモをとって記録を残しておいたほうが、後の面倒を避けることができる。

宮大工の世界には「ダンドリ八分」という言葉があるらしい。きちんと準備しておけば、ほうっておいても仕事はできるのである。

料理の世界にも、似たような言葉があるという。面倒でもきちんと下拵《したごしら》えをしておけば、料理はすぐにできるのである。

考えてみると、大きな面倒というのは、小さな面倒をやっておけば、たいてい避けられるのである。だから、小さな面倒をやっておかないほうが、おバカさんであるわけである。

小さな手間を惜しんで、大きな面倒を抱え込まないようにしよう。

ちょっとメモをとっておけばすむ問題でも、メモをとっておかないと、大きな厄介ごとを引き起こす危険性はある。だから、小さな手間をかけておくことは、とても重要なことなのである。

人と会う約束をしても、それがずいぶん先のことになると、相手はうっかり忘れてしまっているかもしれない。

したがって、相手に会う日の数日前くらいに、「明日は、よろしくお願いします」「明後日の件は、大丈夫でしょうか?」といったリマインド・メールを送っておけば、相手が忘れていることを予防することができる。

たった一通のメールを送っておくだけで、大きな面倒がなくなるのだから、こういう手間を惜しんではならない。

あえて小さな面倒をやっておく

9 余計な手間をかけ続けてしまう「コンコルド効果」が働く心理

仕事をするときには、中途半端に修正をしていると、さらなる修正が必要になったりして、余計に手間がかかることもある。修正のために計画の見直しを何度も行うのは、正直面倒くさい。

こんなときには、いっそのことすべてを白紙に戻して、一から仕事を始めたほうがずっと早く終わることもある。

朝、ヘアスタイルをセットするときもそうである。寝癖がひどいとき、ムースやスプレーを使って、いろいろ試してもうまくまとまらない。さらにワックスを追加してやろうとしても、ますますヘンになっていく。

こんなときには、少々面倒くさいと思われても、一度髪を洗ってドライヤーで乾かしてからセットしたほうが、はるかに労力も時間もかからなくてすむのである。

中途半端な修正や、手直しのほうがかえって面倒くさいことになる。

心理学では、「**コンコルド効果**」と呼ばれる現象が確認されている。

かつて超音速旅客機コンコルドが計画されたとき、いったん計画がスタートしてみると、次から次へと手直しや修正が必要になって、「明らかに失敗」だとわかっているにもかかわらず、それまでの投資を惜しんで、やめられなくなってしまったことがある。

私たちは、いったんスタートしたことを、なかなかやめられない。これが「コンコルド効果」であり、コンコルドの誤謬《ごびゅう》とも、コンコルドの錯誤とも呼ばれている。

「まあ、とりあえずやってみて、ダメだったら途中で手直しすればいいし、中止すればいい」などと考えても、途中でやめるのはとても難しいのだ。

それまでに費やした時間や金銭、労力が多ければ多いほど、やめられなくなる。深みにはまっていく、という性質がある。

新規事業にお金を費やせば費やすほど、それを白紙に戻すのは難しくなる。

したがって、一番よいのは、なるべく早い段階で、つまりコストを払わない状態で、さっさと白紙に戻してしまうことなのである。「ある程度、頑張ってみて……」などと考えていると、ますますコンコルド効果は強化されてしまって、抜け出せなくなる。

ジャングルなどを歩いていて、底なし沼にはまったときには、すぐ真後ろに引き返すのが正解だといわれている。

前に進もうとすると、さらに深みにはまっていく可能性が高いが、自分が歩いてきたところなら安心だからである。少しでも地面が沈んだら、そのまま真後ろに足を下げるのがよいそうだ。

仕事でもそうで、ちょっとでもはまりそうな違和感を覚えたら、すぐに元の場所に戻るようにしよう。そうすれば、にっちもさっちもいかなくなる、という状態にならずにすむ。

中途半端な手直しより、最初からやり直したほうが早い

10

「面倒に巻き込まれないために、面倒を逆手にとる」

みなさんが、ある商品やサービスを売り込みに出かけたとしよう。担当者は、「では、会議にかけてみます」と請け負ってくれたのだが、どれくらい本当に会議にかけて諮《はか》ってくれるのかはわからない。

こんなときには、その担当者のやるべき仕事まで、自分が代わりにやってしまうことを提案してみるとよい。

「僕が、社内会議用の資料を作りましょうか？　書き方のフォーマットだけお教えくださされば、僕が代わりに作りますよ」

「稟議書《りんぎしょ》も、よければ僕が書いちゃいましょうか？　いつ会議があるのかお教えくだされば、それまでに作っておきますよ」

相手のやるべき面倒まで買って出たほうが、自分の提案した企画をきちんと会議にかけてすぐに決裁をとってくれる可能性が高くなる。そうすれば、何度もメールや電話で、「あの件、どうなりました？」と聞かなければならない手間が省ける。

こちらが相手の面倒を買って出れば、さすがに相手だって、みなさんの提案を放っておくわけにはいかない。会議用の資料まで自分の代わりに作ってくれるというのだから、そこまでされたらこちらも動かなければ、という気持ちになる。申し訳ない気持ちにもなるから、いつも以上に張り切って会議にも臨んでくれるであろう。

保険の外交員には、お客さまに住所やら氏名などをいろいろ記入するのが面倒だろうからと、すべて自分で代わりに書類に記入してあげて、「あとは印鑑を押してくださるだけでけっこうですから」というところまで契約書の下拵えをすませている人もいる。

お客さまからすれば、まことにありがたいことである。

けれども、その外交員の立場からしても、そのほうが契約をしてくれやすくなるし、さらに契約を破棄されたりするリスクが減るので、願ったりかなったりなのである。

相手の面倒を買ってあげる「サービス精神」がある人のほうが、仕事もうまくいく。

米国イリノイ州にあるブレッドリー大学のデビッド・シュミットによると、「相手のために」何かをしてあげられる人、すなわち**サービス精神に溢れた人のほうが、仕事でも、プライベートでも面倒に巻き込まれることが少ない**そうである。

相手に動いてもらうためには、こちらからサービス精神を発揮して、相手に手間をかけさせないことが大切である。

「甘栗むいちゃいました」というヒット商品がある。甘栗を自分でむくのは面倒だが、むいてあれば食べたいという人は多い。お客の面倒なことをあらかじめやってあげたことが、この商品のヒットの理由であろう。

少しくらい自分が面倒なことをしてあげたほうが、相手には喜ばれるし、何よりこちらの願う方向に動いてくれるので、決してソンにはならないのである。

あえて面倒を買って出る

最初に手間をかけたほうが、手間がかからない

「こっちのほうが手間がかからないから」ということで、CCを使って同時にメールを送る人がいる。たしかに、たくさんの人に同一の内容のメッセージを伝えるときには、一斉送信のほうが、手間がかからないように思える。

けれども、CCがついているメールは、ほとんど読んでもらえない。私も、CCがついたメールは読まない。BCCにしても、一斉配信だな、ということはわかる。そういうメールも読まない。

面倒でも、一人一人にメールを送ったほうが、手間はかかるが、確実に反応してもらえる。「メールを読んでもらいたい」という目的を達成するには、手間をかけたほうがいいわけである。

ダイレクト・メールを送るときもそうだ。

業者に頼んで一括で配送してもらえれば、手間はかからずにすむ。けれども、そうやって送ったダイレクト・メールはほぼ100％すぐにゴミ箱に捨てられる。何度やっても、そのたびに捨てられてしまうであろう。つまり、やる意味がないのだ。

一人一人のお客さまに、手書きできちんとハガキを書くのは、面倒くさいと思える。けれども、確実に読んでもらえるという点では、手間を惜しむだけの価値はある。手間がかからないが無意味なことをするより、手間をかけて価値があることをしたほうが、ずっと面倒がないに決まっている。

大学の先生には、生徒がノートに書き写す手間をかけさせるのはかわいそうだからと、あらかじめ自作プリントを作って講義の最初に配布してい

る人もいる。生徒の板書を写す手間を省いてあげているわけである。

この先生がやっていることは、まことに「生徒思い」でけっこうだと思われるかもしれないが、そうではない。

板書を写す手間をかけさせたほうが、生徒はきちんと知識を理解することができるし、記憶にも定着しやすい。板書をを写させれば、わざわざ試験勉強をしなくとも、けっこう頭の中に知識は残っているものである。だから、プリントなどを作って配らない先生のほうが、結局は、生徒思いのことをしていることになる。学生が試験勉強にかける時間を短縮させてあげるわけだから。

ジョージア州立大学のクリストファー・ロワリーが、ある衣料工場で行った研究によると、手間のかかる仕事を多く抱えている人ほど、なぜか職務満足感も高くなる傾向があったという。

いろいろと手間がかかる仕事をこなすのは面倒くさいと感じられるかもしれないが、そういう手間をかけてやればやるほど、「仕事って、面白いな」とも感じられるようになるのである。だから、自分でもたくさんの仕事を抱えていたほうがいいのだし、部下にはたくさんの仕事をまかせたほうが、仕事の楽しみを感じてもらえる、ということもある。

手間をかけること自体は、決して悪いことではない。

手間がかかるからこそ、得られるものは少なくないのだ。

あえて困難を伴う難しい仕事に挑戦してみる

慣れた仕事をこなすのは、たいして難しくはない。けれども、面白みもあまり感じない。同じ仕事ばかりだとラクである半面、飽き飽きもしてくる。面白くないから、ただ面倒だとしか感じなくなる。

したがって、仕事を楽しむコツは、難しい仕事でもどんどんやらせてもらうことである。難しい仕事に挑戦すれば、手間はかかるかもしれないが、それだけ喜びも感じられるからである。

「うわっ、こんな仕事、自分にできるのかな？」と思われるような仕事も、ぜひ自分にまかせてもらおう。

普段の業務に加えて、厄介な仕事を抱え込むことになるが、同時に、ゾクゾクするような興奮も味わうことができる。しかも、厄介な仕事のほうにたっぷりと時間をかけるためには、普段の業務を倍のスピードでこなして、時間を浮かせなければならない。それもまた、楽しいと感じられるようになる。

ニューヨーク大学のジョン・ウェイナスがある電話会社で行った調査によると、「挑戦を好む人」のほうが、職務満足感ははるかに高いという結果が出たそうだ。面倒なこと、厄介なこと、仕事を掛け持ちしている人のほうが、生き生きと仕事ができるのである。

ルーティンワークだけをこなしているだけでは、仕事は面白くない。

だから、自分から積極的に挑戦していく姿勢がとても大切である。

私の仕事といえば、資料を調べて単行本を書くことである。けれども、6年前から、そこに大学の先生という仕事も加わった。

単純に仕事量だけでいうと、単行本を書いているだけのほうがラクなはずなのに、大学の先生もやるようになってから、執筆のスピードがものすごくアップした。大学で講義をするために時間をとられるので、その分、執筆のスピードを上げないと締切に間に合わなくなったのである。

ところが不思議なことに、やることが増えた現在のほうが、むしろ仕事が面白く感じる。仕事が少なければラクができるのだが、簡単すぎて面白くないのである。

もちろん、自分ができる能力の限界を超えるような仕事量になったら、おそらくはイヤになってしまうであろう。あくまでも「ギリギリで何とかこなせるライン」あたりの仕事を抱え込むのがポイントである。

そしてまた自分の技能なりスキルがアップしてきたと思ったら、ギリギリのところまで仕事を増やすのである。これをくり返せば、いつまでも挑戦する気持ちを保てるし、仕事も面白くなるのではないかと思う。

Part 2

手間のかかる仕事、職場の人間関係……
面倒くさいことを「心理的にラク」にする技法

11「面倒くさい人＝社会的アレルギー」

映画会社のスタジオジブリでは、映画を作るときに予算書を作成しないそうだ。なぜなら、面倒くさいから。

ジブリでは、自分たちが作りたいものを、作りたいように作る、ということしか考えていないという。他の映画会社では、きちんと予算書を作成してから映画作りを始めることを思えば、きわめて対照的だ。

しかもジブリでは、予算などの細かいことをごちゃごちゃと取引先に問われたら、その会社とのつき合いはやめる、というのである（『鈴木敏夫のジブリマジック』梶山寿子著、日経ビジネス人文庫）。なんと潔い姿勢だろう。

世の中には、つき合ううえで、どうしても面倒くさいと感じさせる人がいる。

そういう人とも、何とか我慢してつき合っていかなければならないし、そういう努力は必要だと思うのだが、本当に面倒くさいと思うのであれば、いっそのこと、「つき合うのをやめて」みてはどうだろう。

どんなに頑張っても、肌が合わない人とは、合わない。

これはもうどうしようもないことであって、私たちができることは、なるべく早くその人の元から立ち去ってあげることくらいなのである。

みなさんは、いつまで「あの人に会うの、面倒だな」「あの人に会うの、イヤだな」と感じながら我慢するつもりだろうか。

我慢していれば、いつかは肌が合うようになるのだろうか。

おそらくは、そうはならないだろう。

米国ケンタッキー州にあるルイビル大学のマイケル・カニンガムによると、私たちは、ある特定の人に対しては、小麦や花粉などと同じような「アレルギー」を持つのだそうである。これを「**社会的アレルギー**」という。「社会的アレルギー」というのは、「人付き合いアレルギー」と言い換えてもいいだろう。

最初は我慢ができても、そのうちに不快感が蓄積されて、いったんアレルギー反応が出るようになると、もはやその人に会うたびに、同じ反応が出るようになるとカニンガムは指摘している。

アレルギーが出るようになったら、もはや意志の力ではどうにもならない。小麦アレルギーの人に、「根性を出して、小麦を食べろ」と言ってもムリな相談であるし、アレルギー反応が出るようになった人に対して、「頑張って、その人を好きになれ！」と言われても、そんなことができるわけがないのである。

我慢しながらつき合うのではなく、その人のいる場所には行かない、近づかないようにして物理的に距離をおく。仕事上のつき合いで、それができないのなら、心の中で相手と離れることを意識して、心理的に距離をおくようにしてはいかがだろうか。

面倒くさい人とは距離をとり、面倒くさくない人とだけつき合う

12
部下にナメられない上司が密かに使う「パワープレイ」とは

部下の管理がうまくできずに悩んでいる人は多い。

しかし、部下の管理がなぜできないのかというと、部下に「ナメられている」ことが大きな原因である場合がほとんどである。

「あいつの言うことなんか聞かなくたって、別にどうということはない」

「上司に叱られても、ちっとも怖くない」

とナメられているから、こちらの言うことを聞いてもらえないのである。

上司がものすごく厳しい人であれば、部下は素直に言うことを聞く。なぜなら、言うことをきかないと怖いからである。

かつての親は、子どもが言うことを聞かなくて困る、と感じることはなかった。なぜなら、昔の親は、たいてい怖かったからである。「親を怒らせたら、とんでもないことになる」と子どもはちゃんとわかっていたので、素直に言うことを聞いたのだ。親が「ダメだ」と言ったら、「ダメ」なのだ。

ところが、現代の親は、子どもをチヤホヤし、甘やかせるだけ甘やかせているので、子

握手の「パワープレイ」を使って
心理的に優位に立つ

どももつけあがってしまっている。これでは親の威厳も何もないし、子どもに言うことを聞かせるのも大変になるに決まっている。

優しい上司であるのはかまわないが、部下にナメられていてはダメである。

みなさんが部下の管理が面倒だと感じるのは、優しすぎるからだ。優しすぎるから、管理に悩むのだ。

その手間をなくしたいのであれば、一回でいいので、わざとブチ切れて見せるとよい。

一回でもブチ切れて見せれば、部下の目が覚める。

「上司を怒らせると、やっぱり怖い」と思わせれば、その後は管理の手間などかからなくなる。上司である自分が「ダメ」と言ったら「ダメ」なのであり、わざわざ丁寧に説明する手間もいらなくなる。

スタンフォード大学のマーウィン・サイナソーは、**交渉では、演技でもいいから、「怒ってみせたほうがいい」**とアドバイスしている。そうすると、交渉がラクになるからだ。

交渉においては、相手よりも心理的に優位に立つためのテクニックがいろいろと工夫されており、それらは総称して「**パワープレイ**」と呼ばれている。

部下の管理が面倒だと思っている人は、こうしたパワープレイをやってみるのはどうだろうか。

「パワープレイ」で、部下の管理の手間が省ける

13 単なる習慣でやっていた「やる必要がないこと」をやめる

やる必要がないことをやっている人がいる。

やってもあまり意味がないことは、やらないようにしたほうがいい。「やってもやらなくてもいい」ことは、基本的に「やらなくてよい」ことだと割り切ってしまおう。

たとえば、メールを返信するときに、わざわざ「Re:」を外してくる人がいる。ひょっとすると本人は、「Re:」が入っていると、心がこもっていないと感じて、そうしているのかもしれない。けれども、それはいらぬ手間である。ただ面倒なだけではないか、と私などは思ってしまう。

こちらが書いたメールの文章も、そっくり削除して返信してくる人もいる。

本人はわざわざ手間をかけてくれているのだろうが、返信を受け取るこちらからすれば、

「あれっ、俺、どんなこと書いたんだっけ?」と、わざわざ自分の返信したメールを開いて確認しなければならなかったりして、はなはだ面倒である。異論もあるだろうが、相手がやっている善意は、こちらからすれば、ありがた迷惑ともいえる。

仕事で無意識のうちにやっていることに、いらない手間はないだろうか。であれば、大胆にそれらを削ってしまおう。

自分勝手に削ったり、省いたりすることが怖いければ、上司に確認してみてもいい。作業が煩雑になればなるほど、手間がかかって面倒くさいし、煩雑だとミスも増える。だから、作業の手続きは、できるだけシンプルであるほうがいいと説得すれば、まさか上司も変更をダメだ、とは言わないだろう。

私たちは、「習慣的に」今までのやり方を守ろうとする。

しかし、よくよく考えてみて、「こんなことする必要ないな」と思うのなら、どんどん省略して、シンプルにしておこう。そうすれば、仕事が面倒くさいとあまり感じなくなる。手間が増えれば増えるほど面倒くさいと感じるのだから、できるだけシンプルにするのがポイントである。

コロラド大学のジェニファー・ブレイスによると、**人は、いったん習慣を形成すると、**

たとえその習慣が不適切になっても、くり返そうとする傾向があるらしい。「もはや不要」とされても、以前と同じやり方をずっと踏襲しようとするのだ。

仕事が面倒くさいと思っている人は、自分で作った「いらないルール」に縛られている可能性が高い。

「これって、本当に必要なのかな?」と自分の仕事のやり方を見直してみて、いらないものはどんどん省いていこう。

最初こそ、省くことにちょっぴり不安を感じるかもしれないが、そのうちに新しい習慣が形成され、新しいやり方にも慣れるのだから、心配はいらない。

私などは、基本的に何でも面倒くさいと感じるタイプなので、「どこかで手を抜けないかな?」と考えながら仕事をしている。そういう人間のほうが、どんどん面倒な作業を省くことができ、ラクができるのではないだろうか。

マジメであることはよいことであるが、手抜きできるところは手抜きしようという気持ちがあるからこそ、いらぬ手間に気づくこともできる、と私などは思っている。

いらない作業、いらない手間を見直してみる

14 「パワポは使わない、ファイリングはしない」

書類を作成するとき、どの程度の仕上がりが求められるのかをよく考えてみよう。社内向けの書類であれば、ひょっとしたら、ものすごく簡単な書類ですんでしまうかもしれない。それこそ、ワードで文章を箇条書きするだけでも許されることはけっこうある。

わざわざパワーポイントを使って、図表やイラストなどにこだわって書類を作成するのは面倒である。取引先に持っていく資料でさえ、そこまでキレイにする必要はない、ということも多い。

自分がやっていることは、ひょっとすると自己満足ではないか、と考えることもムダにはならない。いらないことはやらないに限るからである。その分、浮いた時間をもっと他のことに回したほうが能率的だ。

かつて私は、資料整理に凝った時期があった。

集めた心理学の資料をファイリングするため、どうすればキレイに情報を整理できるのかを考え、さまざまなファイリング法を試したりした。いろいろな人の本を読んで勉強もした。

けれども今は、**「ファイリングしない」**を選択している。

なぜなら、ファイリングした資料は、二度と見ないことに気がついたからだ。私がやっていた資料整理は、ほとんど自己満足の世界だという結論に達し、使った資料は片っ端から捨てている。コピーした論文の資料も、全部捨てている。必要になったら、そのときにまた図書館にコピーをしにいけばよい。そう割り切ったほうが、ファイリングの手間が省けることがわかった。

やらなければならないことが1つでも、2つでも少なくなると、気分がスッキリする。作業工程が10あるより、5ですむほうがいいに決まっている。5つの工程があるなら、一本化してしまったほうが、面倒くさく感じない。いらないことは、どんどん削って、なるべくやらないに越したことはない。

あるゲームメーカーが作ったロールプレイングは、大ヒットを飛ばして、2作、3作とシリーズ化されてきたが、7作目になると、ほとんどのプレーヤーがクリアできなかったという。作り手が自己満足の世界に入ってしまって、ただただ面倒なだけのゲームを作ってしまったのだ（『プロデューサーは次を作る』飛鳥新社）。

自己満足でやっていることは、面倒さを生み出す結果にしかならないことが多い。

かつての日本企業では、ボールペン1本を買うのにも、ハンコがいくつも必要であった。課長、係長、部長といった役付きの人の自己満足のために、とてもバカげたことをやっていたのである。今でもそういう企業は多い。

私たちは、**やらなければならない手間が多いと感じると、それだけ「やりたくない」を選択する傾向がある**。手間のかかるゲームはやりたくないし、手間のかかる仕事もやりたくない。

だから、手間はなるべく減らしたほうがやる気になるのである。

自己満足でやっていることをやめる

15 「フランクリン効果」で相手を自分のファンにすれば、仕事はラク

仕事をやりやすくするコツは、相手を自分のファンにすることである。相手がこちらに好意を抱いてくれれば、こちらが言うことには喜んで従ってくれるし、何をお願いしても、

ホイホイと気軽に引き受けてくれる。

もし相手に嫌われると、仕事をするにも大変な困難が伴う。いろいろと嫌がらせをされたり、余計な手間をかけさせられたりして、仕事が面倒くさくなる。

では、**どうすれば相手に好かれるのかというと、「あえて相手に面倒をかける」という作戦が有効だ**。

わざと相手に面倒をかけると、不思議なことに、みなさんは相手に好かれるようになるのである。

夏目漱石は、夫人のお産のとき、たまたま助産婦が間に合わなかったため、自分で取り上げるハメになった四女の愛子を、とりわけかわいがったという。私たちは、「俺が面倒を見たんだ」という相手は、なぜかかわいく見えてしまうのである。

このやり方を、心理学では「**フランクリン効果**」と呼んでいる。

フランクリンとは、アメリカ合衆国建国の父の一人として称えられているベンジャミン・フランクリンのことである。

フランクリンは、アメリカで一番の人のよい人物といわれるほどの「人たらし」であったが、彼のとった作戦というのが、相手にお願いをして、面倒をかけるというやり方だったという。

フランクリンは、「私に○○してくれませんか？」と相手に甘えるのがうまく、そうやって自分のファンをどんどん増やしたそうである。

相手に面倒をかけると、「しかたないヤツだな」と思う一方で、「でも、かわいいところもあるじゃないか」と好意も感じるのである。

自分の懐に飛び込んできたかわいそうな人には、私たちは同情心を感じる。そのため、そういう人間には、どんどん親切を施したくなってしまうのである。

「甘え上手」は、このフランクリン効果を上手に利用している人だといえるであろう。甘え上手は、相手に面倒をかけることで、好意を引き出しているのである。

相手に好かれてしまえば、仕事がスムーズになり、面倒くさいと感じなくなる。

嫌われている人は、何回も電話をかけて連絡をとらないと相手からの返事がもらえなかったりするが、好かれている人なら、一回の連絡ですんだりする。いろいろと自発的にサポートもしてくれるので、こちらもラクができるのだ。

あえて相手に面倒をかけさせる

16「面倒な作業の手間が省けるディズニーのアイデア」

みなさんが経営者であるとして、もしオフィスの掃除をどこかの業者に頼んでいるのだとしたら、ぜひ自社の社員を使ってやるようにしたい。

掃除を別の業者にお願いすると、「お金を払っているんだから」ということで、社員は会社を汚く使う。ところが、自分たちで掃除をしなければならないということになれば、できるだけキレイに使おうとするものである。

「できるだけキレイに！」

と口を酸っぱくして説こうが、会社のあちこちに貼り紙をしようが、そんなことではキレイにはならない。

ところが、掃除を自分たちでやることにすれば、とたんにオフィスはキレイになる。わざわざキレイにしよう、と説得する手間が省けるのである。

アメリカのロサンゼルスでオープンしたディズニーランドでは、最初は、掃除は業者に委託していたという。しかし、オープンして一年経ったとき、パーク内にはゴミが落ちているまま。

ウォルト・ディズニーは、「これでは自分が目指している夢と魔法の王国にはならない」と思って、掃除を自社でやるという方針へと変えた。するとゴミを見つけたスタッフだれもが拾うようになり、パーク内が見違えるようにキレイになったという。

「自分たちでやるのは、面倒くさい！」

という意見もあるであろう。

しかし、それは違う。

自分たちでやるようにすると、〝当事者意識〟が芽生えるのである。外部の業者に委託をすると、〝当事者意識〟が吹き飛んでしまい、どこか他人事のように感じられてしまう。これは心理学的には**「傍観者効果」**と呼ばれる現象である。自分が当事者でないことは、「まあ、いいや」と感じて、真剣に取り組もう、という気持ちにならなくなるのだ。

在庫を減らすために、商品の棚卸しを、社員でやるようにした会社もある。

棚卸しという作業は実に面倒くさいから、何度かやれば、個々の社員は本能的に在庫を減らそうと気をつけるようになる。すると在庫は劇的に減っていく。棚卸しを社員にやらせるというのも、傍観者効果を起こさないようにさせることを狙ったものであろう。

ミシガン大学のイーザン・クロスによると、当事者の場合と、傍観者の場合とでは、私たちは、まったく異なる考え方や行動をとるという。

自分が直接にかかわる当事者であると思えば、当然ながら、手抜きなどできなくなる。そういう気持ちを持って仕事に取り組んだほうが、やる気も湧いてくる。「自分には関係ないや」と傍観者のように感じていたら、本気になって仕事をしようとは、なかなか思えないのである。

当事者意識を持たせる

17 「大きなノルマは「スイス・チーズ法」で片づける」

面倒だけれどもやらなければならない作業は、まず大きな作業を、細切れに分割してみるとよい。

細切れにしてしまえば、一つひとつはたいした手間でもないから、ラクにこなせる。そして、一つひとつをこなしているうちに、そのうちにそっくりすべてを片づけることができるのである。

単行本を一冊執筆する、というのは大きな作業だ。

原稿用紙何百枚、何十万字もの文字を書かなければならないと思うと、気が滅入ってくる。

しかし、その作業を細かく分割し、「まずテーマとタイトルだけを決めよう」「冒頭の10ページだけ書いてみよう」「第1章だけ書いてみよう」「好きなパートだけ書いてみよう」というように細切れにしてみると、けっこう何とかこなせてしまうものである。

このようなやり方を、**〝スイス・チーズ法〟**と呼んだりする。

大きなチーズの塊を一気に食べなさい、と言われると食欲も湧かないし、とてもムリだと思ってしまう。けれども、小さなチーズにカットし、少しずつ食べようとすれば、結局は、大きな塊でも簡単にお腹の中に入ってしまう。ここから名づけられたのが、〝スイス・チーズ法〟だ。

面倒な作業をこなすのがうまい人は、知ってか知らずか、自分なりにチーズを細かくカットしているものなのである。

また、作業を細かく分割することには別のメリットもある。

それは、終わるまでの時間が正確に予測できるということである。

大きな作業を終わらせようとすると、いったいいつまでかかるのか予想ができないので、うんざりしてしまう。

ところが、小さな作業に分割してしまえば、予測することはたやすい。そして、ひとつひとつの小さな作業にかかる時間を予測すれば、それを合計するだけで、大きな作業を終わらせる時間も、おおよそ見当がつくのである。

イリノイ大学のジャスティン・クルーガーは、あるグループに対しては、「デートの準備にかかる時間を見積もってください」とお願いした。「デートの準備」という大きな作業の見積もりをさせたのである。

ところが別のグループに対しては、「シャワーを浴びる時間を見積もってください」「着替える時間を見積もってください」「化粧にかかる時間を見積もってください」と、細切れにした作業の時間を見積もらせた。そして、それを合計することで、「デートの準備にかかる時間」としたのである。

すると、後者のグループのほうが、はるかに正確に実際の準備にかかる時間を予測できたという。

大きな作業は、まず小さな作業に分割したほうが、「なんとかなる」という気持ちを引き出すことができるし、終わるまでの時間の予測もできるし、何かと便利である。大きな作業を目にしたときには、それに圧倒されることなく、まずはできるだけ小さく分割していくのがポイントだ。

面倒なことは、「分割して」やる

18 問題を大きくするのは自分！仕事を心理的に軽減する「割り算思考」

過大なノルマに押しつぶされそうだと感じている人は多いだろう。

けれども、どれほど大きなノルマでさえ、小さく分割してしまえば、どうということはないと感じられるものである。

先ほど、大きな作業は小さくカットしたほうがいいというアドバイスをしたが、頭の中でこれをやってみるのだ。

過大なノルマが突きつけられたときには、すぐに頭の中で「割り算」してみよう。

そうすれば、意外にたいしたことないな、と思えるはずである。

たとえば、「1か月で300枚の報告書を書け」と命じられたら、やる気が失せてしまう。しかし、ここですぐに割り算思考をするのだ。「1か月で300枚ということは、毎日10枚か」と。

300という数字が、10にまで減少すれば、そんなに圧倒されなくなる。

「年間1億円の売り上げをあげよ」というノルマが課されたときも、「1億円などムリだ」と思ったら、やる気も湧いてこない。

こんなときには、すぐに「1か月で1000万円なら、2か月も余裕があって十分にゴールできる」と割り算思考をし、さらに「1日100万円ずつ売り上げれば、10日間で1か月のノルマを達成できるのか」と考えれば、精神的にラクである。

後にも述べるが、私たちは、大変だと思い込めば、本当に大変さを感じるものだし、気楽だと思い込めば、気楽に取り組めるのである。

自分に気楽だと自己暗示をかけておけば、実際の仕事も驚くほどラクになる。

だから、どんなに大きな仕事をするときにも、割り算思考を働かせて、まず頭の中で小さく分割してしまったほういいわけである。自分を安心させるための暗示をかけてしまうわけだ。

米国ヴァージニア州にあるマーシャル大学のマーク・リンドバーグによると、「この部屋で作業をしていると、気分が悪くなりそう」という自己暗示をかけると、本当に気分が悪くなってしまうことを実験的に確認している。

私たちの感情や認知は、自分の思い込みによって影響を受ける。

「大変だ」「辛い」と思っていれば、本当に大変に感じるし、辛くなる。

だから、何をするにしても、まずは頭の中でどんどん割り算して、取り組むべき課題を小さくしてしまったほうがいいのだ。

最初に「なんだ、たいしたことない」と自分に言い聞かせるようにしておけば、自然とモチベーションも高まるし、仕事の能率もアップする。その結果、本当に何でもなくこなせるようになるのである。

決して問題を大きくとらえてはならない。問題を大きくしているのは、他ならぬ自分の心であるということを認識しておこう。

割り算思考をとる

19「後出し変更や追加修正をさせなくする「凍結効果」」

上司に仕事を命じられたら、しつこいくらいに具体的に質問しておくクセをつけよう。「まあ、適当に頼むよ」といわれると、何でも自由にできるように思われるかもしれないが、たいていはそうではない。何度やっても、「う〜ん、なんか違うんだよな」などと言われて、うんざりするほど手直しさせられることになるので、余計に面倒くさい。

その点、何を、どのように、どれくらい、いつまでの日数でやらなければならないのかを詳しく質問しておけば、その通りに仕事をこなせばいいだけである。上司にケチをつけられることもないので、面倒が省ける。

「プレゼンのための会場を押さえておいて」と命じられたら、どんな人が参加するのか、どんな機材が必要なのか、会場は何人収容できればよいのか、司会も自分が準備するのか、事前の資料の配布は必要なのか、など、思いつくかぎりのことを徹底的に質問することをオススメする。

徹底的に質問しておけば、上司も後になって「ここを変えてくれ」とは言いにくい。だから1から10まで、あらかじめしっかりと決めてから仕事を引き受けるようにするのである。

私もかつて、曖昧《あいまい》なままに仕事を引き受けてひどく困ったことがある。「テーマもおまかせしますから、好きなように原稿を頼みます」と言われたので、本当に好きなように執筆をしたら、ここを直してくれ、あそこを直してくれとさんざん手直しをさせられたのである。最初からきっちりと仕事の枠組みを決めておかないと、後で困ったことになるのだと痛感させられた。

文章は「だ・である調」で書くのが一般的だが、そのときには、「です・ます調」で柔らかさを出しましょう、という提案も編集者にされた。すでに原稿を仕上げた後に、である。まるまる一冊分の文末を「です・ます」に直すのがどれだけ大変なことだったのかは、読者のみなさんにもご想像できよう。

あらかじめ相手に質問しておけば、相手は自分の返答に縛られることになる。これを心理学では、**「凍結効果」**という。自分が言ったことに縛られてしまうのだ。たとえ細かいところを後になって変更してもらいたいと思っても、「でも、○○さんは、こうしろとおっしゃってましたよね?」と切り返されると、それ以上は強く言えないのである。

最初に相手がうんざりするくらい質問攻めにしておくのは、凍結効果を起こさせて、後になってあれこれ変更させないための予防法である。

仕事の枠組みは、できるだけ具体的に、きっちりと決めておきたい。

そうしないと後になって、あれこれと変更やら修正などが行われることになり、面倒くさいことに巻き込まれてしまうことになる。

できれば口頭で指示をしてもらうだけではなく、文書のようなもので記録や形に残しておけば、万全である。

世の中には、ずる賢い人がいて、こちらが「あなたはこうおっしゃってましたよね?」と言っても、「あれっ、そんなこと、言いましたか?」ととぼける人がいないわけではないので、そういうことにならないように記録を残しておくのである。

1から10まであらかじめ決めておく

会議では、発表者の顔に集中する

退屈な会議に参加したとき、たいていの人は、ヒマつぶしのためなのか、配布された資料をパラパラとめくって、先のページを読んでみたりする。しかし、そんなことをしても、あっという間に読み終わってしまって、ヒマつぶしにはならない。

こんなときには、会議の議題ではなく、「発表者の顔」を見るようにするといい。

それだけで退屈しなくなるからだ。

私たちが、一番興味があって、関心を持てるのは、他ならぬ「人間」である。

会議の議題には関心はなくても、「この人は、今、何を考えているのだろう？」「この人は、どんなことが好きなのだろう？」と考えていれば、楽しい時間を過ごすことができる。人に興味・関心を持たない人はいないのだ。

電車やバスの中でも、他の人の顔を見つめていると、退屈しない。私たちは、政治や経済やテレビのことなどより、はるかに「他の人」のほうに興味を惹かれるものだからである。

ノースイースタン大学のジャック・レヴィンは、カフェテリアにやってきた人たちが、いったいどんな話をしているのかをこっそりと盗み聞きするという研究をしてみたことがある。

その結果、女性の会話の71％、男性の会話の64％が、「他の人」に関する噂話であったという。私たちは、人間に対する興味・関心が高いという証拠であろう。スポーツの話であるとか、天気の話などより、そちらのほうがずっと関心が高いのだ。

したがって、退屈な会議や、退屈な研究会、退屈なセミナーに参加したときには、他の人をじっと見つめるようにしていればいい。そうすると面倒くさいと感じずに、時間を潰すことができる。

「目じりにシワがあるから、意外に年をとっているのかな」とか、「顔の輪郭ががっしりとした四角形だから、性格もしっかりしているのかな」とか、あれこれと空想してみるのは面白い。心理学者でなくとも、人間を観察しているのは、とても楽しい時間なのではないかと思う。

会議で発表者の顔をじっと観察していると、だれがだれに賛成していて、だれが反対しているのかも表情から読み取れるようになる。会議がどんな流れになるのかも予想できるし、どんな結論になるのかも、ある程度までは予想がつく。そういう予想をするのも、けっこう面白い。

あまり乗り気のない会議に参加しなければならないときには、「人間観察のトレーニングの時間」にするとよい。資料を眺めて時間を潰すよりは、はるかに有意義な時間になると思うのだが、いかがだろうか。

Part 3

やる気や集中力は生まれつきじゃない!

ネガティブな心が出ていく「超シンプルな仕掛け」

20

「何事も途中で面倒くさくなる人のための「5分だけ我慢」作戦」

仕事や勉強など、何をするにしても、すぐに気が散ってしまう。途中で面倒くさくなって投げ出したくなる……。

そんなときは、あと5分だけ頑張ってみよう。

5分でいい。

とにかく、もう5分だけ頑張ってみよう。

さらに2時間も、3時間も頑張り続けなければならないと思えば、とたんに気持ちがくじけてしまう。しかし、5分だけ頑張ればいいのなら、「まあ、5分くらいなら……」ということで、何とかなるのではないか。

そして、不思議なことに、5分だけ頑張ればいいと思えば、なぜかその後、もうちょっと長く頑張れるものなのである。

これは、スタンフォード大学のケリー・マクゴニガルが推奨しているテクニックで、非常に有効であろう。

禁煙をするとき、「もう二度とタバコを吸ってはいけない」などと厳しいルールを作ってしまうと、それを守るのはとても難しい。

しかし、「吸いたくなったら、いつでも吸ってよい。しかし、タバコに火をつける前に、5分間だけ我慢して、5分後なら吸ってよい」というルールを決めると、タバコの本数をかなり減らせるのだ。

我慢をするうえで、もっともキツイのは、最初の数分だ。

したがって、5分も我慢していると、「あれっ、さっきまで吸いたかったのに、これならあと10分くらい我慢できるぞ」という気持ちになれる。そして、10分後にまた吸いたくなったら、そこで5分だけ我慢するのである。我慢できるところまで我慢するというトレーニングである。

「疲れたから作業をやめたい」とか、「タバコを吸いたい」と思っても、強烈な欲求が襲ってくるのは、せいぜい数分間。

したがって、その数分間を乗り切ってしまえば、けっこう何とか我慢できるのである。

マクゴニガルによると、**自制心を要する小さなこと（5分間の我慢）でも、それを継続して何回も行っていると、意志力も全般的に鍛えられる**のだという。

「大きな我慢」はムリでも、「小さな我慢」なら、たいして難しくもない。

そういう小さな我慢をくり返して、意志力をどんどん鍛えよう。

目の前においしそうなケーキがあっても、ほんのちょっと我慢してから食べるようにしよう。

「ダイエットをしているから、絶対に口にしてはならない」などと思うと、食べたくて食べたくて、強烈な欲求が襲ってくる。

けれども、「5分だけ我慢すれば、食べてもＯＫ」というようなルールを決めれば、そんなに負担を感じることもなく、ダイエットは続けられるし、ついでに意志力も鍛えられるので一石二鳥である。

「あと5分だけ」というのは、素晴らしいテクニックだ。

勉強していて、集中力が切れても、すぐに切り上げてはならない。

「あと5分、あと5分」と少しだけ我慢するようにすると、集中力を長く継続できるようになる。

「もうやめよう」と思ってから、さらに5分だけ頑張ってみる

21 「疲れた脳に充電する、いちばん簡単な方法」

「あと5分だけ」頑張るという方法の他にも、さらにもうひと頑張りするための方法がある。どうしても力が出なくなったとき、甘いものをちょっぴり口に放り込むのである。

このやり方をすれば、仕事で疲れたときに、何時間も休憩をとらなくとも、すぐにやる気が元に戻る。脳の活動には糖分が使われるので、糖分を摂取すれば、脳は、すぐにエネルギーを取り戻してくれるのだ。

オーストラリアにあるカーティン大学のマーティン・ハガーという心理学者は、30名の女性を2つのグループに分けて、片方にはブドウ糖を含んだ飲み物を、もう片方には糖分のない飲み物を与えて、できるだけ長くハンドグリップを握って我慢させる、という実験をしたことがある。

すると、糖分をとらなかったグループでは、約25秒しか我慢できなかったが、ブドウ糖をとったグループでは、そこからさらに10秒ほど長く、約35秒も我慢できたという。

糖分をとれば、〝もうひと頑張り〟ができるわけである。

もちろん、糖分のとりすぎは健康上、よくない。

したがって、「ここぞ」というときにだけ、このテクニックは有効である。

「どうしても今日中にここまでの仕事を終わらせてしまいたい」

「精神力は使い果たしているが、大切な人との商談がこれからある」

といったケースでは、甘いものを口に放り込んで、さらにもうひと頑張りしてみよう。

前に私たちの意志の力は、少しずつ、少しずつ鍛えられていく。

昨日までは最大で15分までしか我慢できなかったのに、翌日には30分長く我慢できるようになり、その翌日にはさらに1時間も長く我慢できるようになる、という具合に、どんどん鍛えられていくのだ。

最初のうちは、もうひと頑張りをするために、ぽんぽんと口の中に甘いものを放り込まなければならないとしても、そのうちに糖分を摂取するタイミングはどんどん間隔があいていく。できれば、糖分をとらずに乗り切ってしまうようになることが理想である。

精神力は枯渇し尽くしてしまったけれども、それでも今だけは頑張りたい、というときには、甘いものを口に入れるといい。そうすれば、脳にエネルギーが充填《じゅうてん》され、すぐにやる気を取り戻すことができる。

甘いものには依存性があるため、普段はあまり糖分を口にしないほうがいい。あくまでも甘いものは、自分へのご褒美であり、精神力が切れたときの活力剤として利用するのがベストではないだろうか。

甘いものを食べて、もうひと頑張りする

22　あの太宰治も使っていた「デッドライン・テクニック」

作家の太宰治の最初の仕事部屋は、ある商社に勤める女性との共有だったそうである。女性が出勤している間、つまり午後3時までという約束で仕事場として使わせてもらっていたらしい。太宰は、ここで『メリイクリスマス』や『ヴィヨンの妻』などを執筆した。

午後3時まで執筆し、それからお酒を飲みに出かけていくという太宰のスタイルは、心理学的に見ると、非常に理にかなったやり方である。

「午後3時までしか、仕事ができない」

という終わりの時間が決められてしまっていれば、それまでに仕事を終わらせるしかない。つまり、否応なく、本気になれるのである。

いつでも、好きな時間に原稿を書いてもいい、ということになれば、人間はやる気が出せなくなる。

「まあ、後でもいいか」と気軽に思ってしまうので、本気になれないのである。午前中には、午後に執筆すればいいかと考え、午後になれば夜に取りかかればいいかと考え、夜になれば明日でいいか、と先延ばしするに決まっているのである。

ところが、「午後3時まで」と終わりの時間がきっちり決められていると、それまでにやるしかないという気持ちになり、集中して仕事に取り組めるのである。

最近では、「残業禁止」というルールを作っている会社も多いが、これはいいことである。いくらでも残業してよいということになれば、ダラダラと仕事をすることになるが、「午後5時までに終わらせないと、会社の門扉が閉められてしまう」ということになれば、本気になってそれまでに終わらせようという意欲が生まれるからである。

心理学では、終わりの時間を決めてしまうやり方を、**「デッドライン・テクニック」**と呼んでいる。「デッドライン」とは「締め切り」のことであり、締め切りを設けることで人間は本気になれる、という効果を狙ったやり方だ。

ミシガン州立大学のケネス・ウェクスレイは、**締め切り時間を設けるやり方を教えると、時間の使い方がうまくなる**と指摘している。

頭の中に、締め切りの時間が意識されるようになると、ダラダラと時間を浪費することなく、うまい使い方が自然にできるようになるのである。

目の前の仕事に身が入らない人は、「いつまでに終わらせる」という終わりの時間を意識していないからダメなのだ。

終わらせる時間が明確に決められていないときには、自分なりに終わりの時間を設定してしまったほうがいい。「頑張れば何とかなりそう」というレベルに時間を設定すれば、それまでに終わらせたいという心理になり、意欲的に取り組むことができるようになる。

クライアントから、「いつでもヒマなときでいいから、企画書を書いてきてよ」と言われても、「いえ、明日の午前中までにお持ちします」と自分なりに終わりの時間を決めてしまったほうがいい。そのほうが、気持ちがだらけずに集中できるし、結果として、企画書の仕上がりも質が高いものになるはずである。

締め切りの時間を決めて集中する

23 「目の前のニンジン」は小と大を用意する

何のご褒美もないのに、何十時間もぶっ続けで仕事をするのはムリである。

「何の報酬も出せませんが、とにかく40キロ先まで歩いて戻ってきてくださいませんか？」と言われたら、みなさんだってやりたくないと思うのではないだろうか。

私たちは、ご褒美がもらえると思えばこそ、動機づけられるのである。何ももらえないのなら、やる気が出ないのは当たり前である。

さて、人間を動機づけるうえで、もっとも有効な働きをするものは何かといえば、「お金」であろう。何かの行為をすることによって、それに対しての見返りとなるお金が手に入るとなれば、人はいくらでも頑張れる。

私たちには打算的なところがあって、「お金がもらえるよ」と思えば、無意識のうちにやる気がムクムクと湧いてきて、自分でも気づかないうちに頑張ってしまうようである。

イスラエルの心理学者ユーリ・グニージーは、180名の高校生にお願いして、がん患者や障害者のための寄付を集めてきてもらった。

なお、グニージーは、あるグループには、「あなたが集めたお金のうち、1％を報酬としてさしあげます」と告げ、別のグループには、「あなたが集めたお金のうち、10％を報酬としてさしあげます」と告げておいた。

では、高校生たちはどれくらい頑張って寄付を集めてくれたのか。

1％のご褒美条件では、集めたお金の総額は平均153・6ドルであったという。ところが、10％のご褒美が約束された条件では、平均219・3ドル。ご褒美が多いと言われていると、無意識のうちに、頑張ろうという気持ちが強まった結果である。

馬の目の前に、ニンジンをぶら下げておくと、馬は頑張って走るなどといわれているが、人間も同じだ。目の前にご褒美があったほうが、普段以上の力が出せる。

「どうもやる気が出てこない……」という人は、動機づける報酬がないから、やる気が出ないのではないだろうか。

他の人から報酬がもらえないというのなら、自分で自分にご褒美を用意しておけばよい。たとえば、仕事後のビール。「たっぷり頑張ったら、ビールを飲んでもよい」というご褒美を自分のルールにしておけば、日中の労働にも嬉々として取り組めるであろう。

平日に頑張ったら、土日には大好きなDVDをいくらでも鑑賞してよい、というご褒美でもいい。とにかく、自分にとってのご褒美をあらかじめきちんと決めておき、やるべきことをやったときには、自分でご褒美を与えるようにするのだ。

なお、ご褒美を用意するときには、いくつかのレベルを決めておき、ちょっとだけ頑張ったときには小さなご褒美、たっぷり頑張ったときには大きなご褒美、というようにしておくとよいであろう。

1時間の仕事を頑張った後には、タバコを一服してよいとか（小さなご褒美）、3か月にわたるプロジェクトが終了したら、温泉旅行に行ってよい（大きなご褒美）というように、自分を動機づけるような報酬を段階的に決めておくと、高いモチベーションを維持できるはずである。

自分へのご褒美を「段階的に」決めておこう

24 「モチベーションが高い人は、「アメとムチ」の使い方が違う」

自分が決めた目標を達成できなかったときに、何らかの罰を科すのはいいアイデアである。

私たちは罰を食らうのはイヤだから、できるだけ頑張って目標を達成しようと努力するようになる。自分の意志力だけでは頑張れないが、「罰はイヤだ」と思えば、もうひと頑張りしようという気になるのである。

「もし2週間で体重を２キロ落とせなかったら、チャリティにお金を寄付する」

という罰金を自分に科すのは、どうか。

これは、なかなかいいアイデアだ。

少なくとも、ただ何となくダイエットを始めるときよりも、モチベーションは高まる。

「今日から、もし私が勤務中におしゃべりをしているのを見つけたら、１００円をあげる」

と周囲の人に公言してみるのは、どうだろう。

これも、なかなかよいアイデアだ。ムダなお金を払いたくなくなるから、勤務中の私語は慎むようになるのではないか。

カーネギーメロン大学のロビン・ダウズによると、罰は行動を動機づけるうえで、ものすごく効果的なやり方であるという。

自分にご褒美を与える、というやり方がうまくいかないなら、厳しくするしかない。それが罰というやり方である。

ダイエットをするのはイヤだが、お金を払うのはもっとイヤだな、という気持ちがあればこそ、私たちは、頑張ってダイエットをしようとする。逆に言うと、きちんとした罰を設定しておかないと、やる気などすぐにどこかに消えてしまう。

なお、言うまでもないことだが、自分に対してではなく、他の人に対して、罰を与えるのは有効ではない。

「決められたノルマをこなせなければ、減給するぞ」

「与えられた仕事をこなさなければ、クビにするぞ」

と脅して頑張らせるのは、やりがちな方法だが、もはや時代遅れである。

しかし、自分で、自分に対して罰を設定するのであれば、何の問題もない。

モチベーションが高い人は、自分なりに罰を設定したり、ご褒美を設定するのがうまい人である。彼らは、どうすれば自分をうまく律することができるのかをちゃんとわかっていて、ご褒美や罰を適度にコントロールしているのだ。

私たちは、ともすると自分に甘くしてしまうところがあるので、きちんと罰を設定しておくことは非常に重要である。

他人から押しつけられたのではなく、自分で設定できるわけであるから、いったん罰を決めたら、必ず実行しよう。罰を食らうのがイヤだということになれば、自分の行動を変えるためのモチベーションも高くなるはずだ。

自分に対して、ちょっとした罰を科す

25 意志の力に頼らない「仕組み」のつくり方

パソコンで仕事をしていると、ついつい関係のないサイトを見てしまったりして、時間をムダにしてしまうことがある。

「こんなことをしていては、ダメだ」と自分では思うものの、なかなかやめられなくて困っている人もいるのではないかと思う。

そういう人は、自分の意志力に頼るのをやめて、テクノロジーに頼ろう。

どうせ自分ではやめられないのなら、テクノロジーの力を借りて、「やろうとしても、できない」という形にしてもらうのである。これならば、意志力など必要がなくなる。どんなに意志力が弱くても大丈夫だ。

ネットサーフィンばかりして、仕事が手につかない人は、たとえば一つのやり方として、「フリーダム」(macfreedom.com)というプログラムを利用すれば、あらかじめ設定した時間の間は、インターネットに接続できなくなる。接続できないのだから、ネットサーフィンをして気が散ってしまうということもなくなる。

他の人からのメールで気が散って困っているという人は、「アンチソーシャル」(anti-social.cc)というプログラムを使えば、ソーシャルネットワークやEメールに接続できなくなる。接続できないということになれば、どんなに意志が弱い人でも、メールばかり見て仕事が手につかない、ということはなくなるだろう。

最近では、こういう便利なテクノロジーがいくらでも見つかるのだから、それらをどんどん利用すればいい。そのほうが、実は簡単だったりする。

オーストラリアにあるエディス・コーワン大学は、**自分の行動を変えるためには、意志力に頼らないやり方を考える**とよいとアドバイスしている。

「朝、起きるのが苦手」という人は、早起きするように自分を戒めるよりも、目覚まし時計を買ってきたほうがいい。

「自分で起きる」ことができないのなら、機械に起こしてもらおう。そのほうが、毎朝、自分で起きることができずに、「ああ……、私はダメなヤツだ……」などと罪悪感を覚えなくてすむ。

自分で「できない」とか「やりたくない」というときには、意志の力でどうにかするよりも、むしろテクノロジーに頼ってどうにかできないかを考えてみよう。自分でできないことを我慢してやるよりも、気分はラクである。

世の中には、みなさんの行動をサポートしてくれるテクノロジーがいくらでもあるわけだから、それらを有効に活用することによって、あまり意志力に頼らないやり方を選択するのも賢いやり方である。

テクノロジーに頼るのも手

26 「続けられない人は「足し算」ではなく「かけ算」の方法で」

人が集まれば、自然とエネルギーは高まる。私たちの興奮は、足し算でなく、掛け算である。10人の熱狂している人がいれば、一人のときの10倍というより、100倍も気分が高揚してくる。

ミュージシャンのライブやコンサートを考えれば、人が集まったときの熱狂のすごさをご理解いただけるのではないだろうか。

一人きりで作業をしていても何だかやる気が出てこないときには、仲間を作って一緒にやるようにすればいい。そうすれば、気分も盛り上がってくる。こういう現象を「社会的促進」という。

ニワトリは、他のニワトリと一緒にいるときのほうが、たくさんのエサを食べるという。一羽で食事をさせて満腹になったニワトリでも、同じカゴの中に他のニワトリを入れて食事をさせると、もともといたニワトリは、先ほどまで満腹だったにもかかわらず、さらに食事を続けようとするというのだ。

人間だってそうで、一人で食事をしていてもおいしくないし、それほど食べられない。ところが、他の人と一緒だと食事も楽しくなるし、たくさん食べてしまう。社会的促進が起きるのである。

ドイツにあるヴェストファーレン・ヴィルヘルム大学のヨハヒム・ハフマイヤーは、

1996年から2008年までのオリンピック、また1998年から2011年までの世界選手権、2000年から2010年までのヨーロッパ選手権において、100メートル自由形に出場した男女199名の選手の、「個人のタイム」と、「リレーのときのタイム」を比較してみた。

すると、同じ100メートルを泳ぐときにでも、個人の自由形のときより、リレーの自由形のときのほうがみな頑張って、タイムが伸びることが明らかにされたという。

「仲間がいる」という状態だと、なぜか私たちのパフォーマンスは向上してしまうのである。

「どうも一人だとサボっちゃうな」

「どうも一人だと、盛り上がらないな」

というときには、仲間づくりを先に行おう。どんな作業もそうだが、志を同じくする仲間がいたほうが、つまり、徒党を組んだほうが、やる気も出てくる。

趣味もそうで、一人で始めるよりも、だれか他の友達を誘って一緒にスタートしてみるとよい。一人だけで始めると、すぐに挫折したり、飽きたりしてやめてしまうが、何人かの友達と一緒にやれば、やる気がずっと維持されるからである。

もちろん、他の人と一緒に作業をすると、集中できないという人もいるだろう。そういう人は、リアルな仲間を作らなくても、SNS（ソーシャルネットワーク）を利用してやればよい。

勉強なら、グループ学習ではなく一人でやり、勉強の記録を勉強仲間と共有するのだ。

他にも、ダイエットや禁煙、ランニングなど、SNSを上手に活用しながら楽しく継続してみてほしい。

仲間を作って、一緒にやる

27 「やる気は出なくて当たり前、やる気は後からついてくるもの」

スティーブ・チャンドラーの『なりたかった自分になるのに遅すぎることはない』（ディスカヴァー）という本には、やる気が出なくて困っているサラリーマンの話がある。

「どうすれば、やる気が出ますか？」

「売ることです」

「だから、その売るためのエネルギーが出てこないんです」

「すぐにセールスに出かけることです。やる気は後からついてくるんです」

もうひとつ、ジョギングを始めようとしている人のエピソードも同書には紹介されている。


「朝、走ろうと思っているのですが、やる気が出ません」

「朝、走ればいいのです」

「でも、走りたくないんです」

「それはまだ走っていないからです。もし走れば、すぐに走りたくなります」


これらの例でわかるとおり、大切なのは、「さっさと行動すること」なのである。やる気を出すことではない。「まず、やる気を出してから……」などと考える必要はない。やる気は後からついてきてくれる。

行動するからこそ、不安や心配も吹き飛び、積極的な姿勢が生まれる。やる気も出てくる。大切なのは、頭をからっぽにして、とにかく身体を動かすことなのである。

オランダにあるティルブルフ大学のジョリス・ラマーズは、３０００名を超えるさまざまな企業の社員を調べ、「行動的な人」（何もしないより、何かをするを選ぶ人）ほど、望みを達成する力が高く、年収も高くなる傾向があったという。

行動的な人は、心にパワーを持つことができる。

ジョギングをしようと思うのなら、５００メートルでも１キロでもいいから、さっさと走りに行けばいいのだ。

最初から何キロも走ろうとするから躊躇《ちゅうちょ》してしまうのであって、わずか数百メートルでいいのなら、簡単だろう。それを２週間もくり返せば、やる気など出さなくても、ジョギングに出かけるようになる。

やる気を出そうとしなくていい。

行動することだけ考えればいいのだ。

行動するから、精神力は出てくる

アドレナリンを出すには、「赤いもの」を身につける

やる気を出すことで知られる「アドレナリン」というホルモンがある。

副腎から分泌され、体を興奮状態にし、心拍数を増やして血圧を上げ、酸素を大量に吸い込めるように気管を広げる働きをするホルモンである。

身体を活性化させ、「さあ、今日もやるか！」という元気を出すには、アドレナリンを分泌させればいいということになるが、では、どうすればアドレナリンが分泌されるのだろうか。

それには「赤いもの」を身につけたり、じっと見つめることが効果的である。赤いマフラーを首に巻いたり、赤色のペンケースを凝視したりしていると、交感神経の働きが活性化し、エネルギッシュになれるのだ。

「燃える闘魂」といえばアントニオ猪木さんであるが、猪木さんがいつでもエネルギッシュなのは、トレードマークでもある赤いストールを身につけているからであろう。赤を目にしていると、私たちの心には火がつくのだ。

闘牛は、赤いものを見ると興奮するといわれている。

同じことは、人間にもいえるのである。

米国クレイトン大学のナンシー・ストーンは、全体が青色の部屋と、赤色の部屋の２種類を用意して、それぞれの部屋で、ある作業をさせた。空港会社の予約係になったつもりで、お客からの

予約をどんどん受けていく、という作業である。

すると、赤い部屋で作業をしたグループのほうが、はるかにパフォーマンスがあがることが確認されたという。赤色は、仕事の生産性をアップさせてくれるのである。

「今日は、気分が乗らないな」というときには、何か赤いものを見つけて、それをしばらく見つめているといい。そうすれば、交感神経の働きが活性化するからである。

赤は、ビジネスシーンでも「パワーカラー」と呼ばれている。

赤い色を身につけていると、自分が強くなったような、だれにも負けないようなパワーの感情が湧いてくることは、経験的に知られている。そのため、大切な商談のときには、赤いネクタイを締めていくと、気分も引き締まる。

政治家でも、討論会のときには赤いネクタイを締める候補者は多いし、スポーツの分野でも、タイガー・ウッズや石川遼さんは、赤いシャツや赤いパンツを身につけて試合に臨んでいる。

ネクタイやシャツを派手にしたくないなら、たとえば、職場で使う自分のマグカップなどを、赤いものにかえてみればよい。あまり目立たないところでも、赤色を使えば、それだけでやる気は出てくる。

異性の目を意識して仕事をする

大手の総合商社の中には、女性を「顔」だけで採用するところがある。ルックスのよい女性がオフィスにいるとなれば、男性の社員たちはそれだけで目の色を変えて、モーレツに働いてくれるからである。

男性は（女性もそうだが）、きわめて単純な心理構造を持っていて、異性が近くにいると、それだけでやる気が引き出されるのである。カッコいいところ、自分がデキるところをアピールしたいと思うため、背伸びをしながら頑張ってくれるのだ。

インターネットで「顔採用」という言葉を入れて検索してみると、だれでも知っているような企業名がズラリと並ぶ。

実際に、それらの企業が顔採用をしていると認めることはないだろうが、就職面接を受けた大学生たちは、「あ、顔採用だな」とちゃんとわかっている。実際に、採用されるのは美人ばかりなのだから。

社員のやる気を出させるうえで、キレイな女性が近くにいれば効果があるということは、人事担当者も経験的に知っているだろう。だから、顔採用は今後も決してなくならないであろうと予測できる。

それはさておき、仕事をするときには、異性の目を大いに意識しよう。

「これだけ頑張ってりゃ、モテるに決まっている」

「職場の○○ちゃんも、自分のことを見直してくれるはず」

そんなことを考えながら、ニヤニヤして仕事に取り組むのがベストだ。異性の目を意識すれば、だれだって手抜きできなくなる。下心は、こういうふうにどんどん有効活用すべきである。

異性の目があると、私たちは知らず知らずのうちに張り切ることは心理学的にも確認されている。

カリフォルニア州立大学のチャールズ・ウォーリンガムは、女性の協力者にお願いして、公園をジョギングしている男性がきたら、じっと見つめさせてみた。

すると、男性たちは女性が見ていないときにはゆっくり走っていたのに、女性が見つめると走るペースを速めることが明らかにされたという。おそらくは、カッコいい姿を見せようとして、無意識にペースを上げたのであろう。

職場に女性がいると、男性社員たちは、ジョギング中の男性が自然とペースを上げたように、無意識のうちに仕事を張り切ってやるものなのだ。

「うちの部署には、キレイな女の子がいないんですよ」

という残念な人もいるであろう。

しかし、頑張っていれば、他部署の女性だってみなさんの仕事ぶりを評価してくれるかもしれないし、取引先などで訪問してくる女性の中にも、みなさんに好意を寄せてくれる人が出てきてくれるかもしれない。そういう楽しいイメージを膨らませるようにすれば、かりに自分の部署にキレイな子がいなくても、頑張る気持ちを引き出すことは十分に可能である。

Part 4

そもそも、なぜ「面倒くさい」と感じてしまうのか

自分の中の「負の心理パターン」を断ち切ろう

28 「思い込み」で自分にブレーキをかけていませんか

「このカバン、ものすごく重いから、ちょっと試しに持ってみてよ」と言われたら、実際には重くなくても、「ホントだ、重い」と条件反射的に感じてしまうであろう。私たちの思い込みは、知覚をおかしくさせるからだ。

コーネル大学のブライアン・ワンシンクによって行われた面白い研究がある。

映画館にやってきた人たちは、「映画館で食べるポップコーンはおいしい」と思い込んでいる。そのため、2週間前に作られたポップコーンでさえ、おいしく感じてしまうのではないか、という仮説を検証したのだ。

2週間前に作られたポップコーンは、硬くなってしけているのだからマズイに決まっている。けれども、そんなポップコーンでさえ、だれ一人として返金を求めず、みな残さずに食べたというのである。

逆に、おいしい食べ物でさえ、思い込み次第ではマズイと感じられることがある。

やはりコーネル大学のレオナルド・リーという心理学者が、「このビールにはバルサミコ酢が入っていて、あまりおいしくはないと思いますが、試飲してください」とお願いすると、そういう情報を事前に聞かされなかったグループでは59％が「おいしい」と答えたのに、聞かされていたグループは30％しか「おいしい」と答えなかったのである。

私たちは、**思い込みによって、知覚も感情も影響を受けてしまう**のだ。

「面倒くさい」という感情も、メカニズムはまったく変わらない。

作業に取りかかる前に、「面倒くさい」という思い込みを持つからこそ、その作業が面倒に感じてしまうのである。そして、実際に、ものすごく疲労を感じるのである。

「どうせ今日も、面倒くさい仕事が多いんだろうなあ」

「また今日も、イヤな客ばかり相手にさせられるんだろうなあ」

「どうせ、やっかいな上司に、文句を言われまくるんだろなあ」

そんな思い込みを持ったまま、仕事に取りかかれば、どうなるか。

おそらく、面倒だと感じられる感情は、さらに増幅されてしまうであろう。思い込みによって、面倒くささが倍増してしまうのである。

「面倒くさい」と思って作業を始めたら、面倒くさいという感情が引き起こされるに決まっている。ようするに、自分で自分の首を絞めているのだ。

ウソでもいいから、「面白い」という気持ちで始めたほうがいいのは、そのほうがずっとラクに感じられるからである。

おいしいと思って食べれば、おいしくもないポップコーンでもおいしく食べることができるように、面白いと思って取り組めば、本当に楽しく作業をこなすことができるのだ。面白いという感情が、思い込みによって引き出されるのである。

思い込みは、とても重要だ。

「なんだ、こんなもの。俺にかかれば朝飯前じゃないか！」と思って取り組めば、どんなに困難な仕事でもホイホイたやすく片づけることができるようになる。そういう自己暗示を、まずはたっぷり自分にかけてあげることだ。

「大変だ～」「疲れそう～」という思い込みを捨てよう

29 ついつい「面倒くさい」と感じてしまう〈負の暗示〉を解く！

そもそも、私たちはなぜ「面倒くさい」と感じてしまうのか。

その理由は、頭の中で「うわあ～、面倒くさいよなあ」「忙しいのに、なんでこんな雑用までやらなきゃいけないんだよ、まったく！」などと考えてしまうからである。「面倒くさい」という感情は、頭の中で「面倒くさい」という意識を持つから生まれてくるのだ。

私たちの感情は、何かを意識することから生じる。

これが基本的な心理的メカニズムである。

「私って、○○さんのことが好きなのかも？」と意識するから「好き」という感情が芽生える。頭の中で相手を考えれば考えるほど、「好き」という感情も強まっていく。「そろそろお昼になるのか」と意識するから、食欲も出てくる。「面倒くさい」という感情も同じだ。

面倒くさがり屋の人は、「面倒くさいな」としょっちゅう頭で考える人なのである。したがって、「面倒くさい」をなくすためのポイントは、「面倒くさい」という意識を持たないことなのだ。そういう自己暗示を自分にかけたりしなければ、まったく面倒くさいなどと思わずにすませられる。

何かに取り組むときには、ためしに「面白い」「面白い」と口ぐせのように念じれば、不思議なことに、面白さを感じることができる。

壁にペンキを塗らなければならないとか、書類を束にして段ボールに詰めていく、といった単調な作業でさえ、「面白い」と口に出していれば、どんどん面白いという感情が強くなっていく。

私たちの脳は、自分が口に出したり、考えたりすることの影響を受けやすく、口ぐせのように、「これは面白そう」と言っていれば、面白いという感情を引き出してくれるのである。

少しでも「面倒くさい」という意識が浮かびそうになったら、それに取り組む前に、騙されたと思って20回、「面白そう」と唱えてみよう。

自己暗示法の創始者であるフランスのエミール・クーエは、**「私はよくなる」「毎日よくなっている」という意識的自己暗示を、朝晩20回ずつくり返すだけで、ポジティブな人間に変わることができる**と述べているが、このやり方は非常に参考になる。

何に取り組むにしても、まずは自分を鼓舞するような言葉を20回くらい唱えてから取り組むとよい。そうすれば、本当はやりたくないことでも、楽しく、しかもラクにこなすことができるであろう。

何事も「面白いな、これ！」を20回唱えてから取り組め

30 「行動できない人が陥りがちな「心理パターン」」

私たちは、自分にとって都合のよい言い訳をすることで、「やらない」「できない」ことを正当化しようとするところがある。人間はズルい心を持っているのである。

こういう心理を、**「セルフ・ハンディキャッピング」**と呼ぶ。

自分に「ハンデ」を与えることで、「できなかったのは、しかたがない」という言い訳をしようとするのである。

「試験前に、○○から遊ぼうって誘われなきゃなあ」

そういう言い訳をする学生がいる。

友達と遊ぶことによって、「○○と遊ばなければ、試験の勉強をした」という言い訳が手に入り、悪い成績を取っても正当化できる。

もともとサボりたい人は、自分のほうから友達に電話をかけ、遊ぼうと相手から言わせるように仕向けたりもする。しかも、それを無意識のうちに行うのである。「できるだけサボりたい」というのが人間のホンネだから、自分でも気づかないうちに「やらない理由」

を作り上げようとするのである。

では、どうすればサボりたいという欲求に打ち勝つことができるのか。

そのためには、サボる言い訳を事前に潰しておくのがよい。

たとえば、友人から遊びに誘われたら、自分の弱い心では絶対に断れないよな、という自覚があるのなら、週末前になって帰宅したら、もうスマホや携帯の電源を切ってしまえばいい。そうすれば、「明日、遊べる？」といった友人からのお誘いの電話も受けられないことになる。

「仕事帰りにジムに行く」と決めたのなら、仕事の後でいったん帰宅しなくてもすむように、朝、ジムへ行く用意をして家を出ればよい。

朝のうちにジムへ行く用意をしておけば、サボることの理由を、ひとつは潰せることになる。

あるいは朝のうちにジムに電話をかけ、トレーナーのだれそれさんに指導してほしい、などという予約を入れてしまえばよい。予約をしてしまえば、さすがにすっぽかすわけにはいかなくなるので、ジムに行かなければならなくなる。

「イヤだな」「サボりたいな」という欲求に打ち勝つには、やらない理由を何とか作り出そうとする自分の無意識に打ち勝つような手段を講じなければダメである。

やらない理由をあらかじめ潰しておけば、さすがに言い訳ができなくなり、私たちはしぶしぶながらも、それをやることになる。

「やりたくないな」と思っても、それをやらない理由が見つけられないと、私たちはやらないわけにはいかなくなる。理由があれば安心してサボれるし、自分も納得できるのであるが、理由がないとそういうわけにはいかなくなるからだ。

すぐにサボってしまう人は、言い訳を見つける達人なのであろう。しかし、そういう人でも、言い訳をひとつずつ潰していくようにすると、さすがにサボるわけにはいかなくなるのである。

サボる言い訳を事前に潰しておけ

31 「絶対やるぞ！」と気合を入れるのは逆効果

ほんの少しでもうまくいかなかったとき、気持ちが瞬く間に大きく崩れてしまうことがある。これをトロント大学のジャネット・ポリヴィは、「どうにでもなれ効果」と名づけた。

たとえば、ダイエットをしている人がいるとしよう。

その人が、ある日、たまたま友人と一緒に大食いして、かなりのカロリーオーバーをしてしまったとする。

すると、その瞬間に、「もうダイエットしたってムダだ」と諦めてしまって、それまでの努力をそっくり台無しにしようとするのである。つまり、ダイエットの試み自体をやめてしまうのだ。

お酒を必死に我慢している人が、わずか一滴でもお酒を口にすると、とたんに元のように酒浸りに戻ってしまうことがある。

私たちは、必死に我慢して、我慢して、我慢していると、ほんの少しでもルールを破ったときに、とたんにすべてのルールを破るようになってしまうのである。これが「どうにでもなれ効果」である。

「もう、どうにでもなれ」と開き直ってしまうと、それまでの努力がすべて水の泡になってしまう。

だから、あらかじめ少しくらいルールを破っても気にしない、と自分に言い聞かせておくことも非常に重要になる。**「絶対にダメ！」**などと思い込んでいると、かえって**「どうにでもなれ効果」が起きやすくなってしまうからだ。**

「俺は、もう二度とタバコを吸わんぞ！」

「私は、絶対に365日、〇〇の勉強をするぞ！」

そう意気込むのは、まことに喜ばしいことのように思われるかもしれない。

しかし、そうではない。

そんなに気合を入れすぎると、かえってタバコを一本、たまたまお酒を飲んでいるときに吸ってしまったときに、禁煙の試み自体をやめてしまう可能性が高くなる。たまたま1日だけ勉強をサボってしまうと、翌日からはもう何もしなくなってしまう可能性がある。

だから最初は、「少しくらいルールを破る」ことを考えておかなければならないのである。

最近、テレビを見ていたら、新しいダイエットのやり方として、「一週間に一度は、カロリーを気にせず、自分の大好きなものを、好きなだけドカ食いさせる」という方法を紹介していた。

これは、「どうにでもなれ効果」を予防するために、非常にいいやり方だと思う。

意気込むことは立派なことだが、そんなに頑張らなくてもいいのだ。

たまには自分を甘やかすことだって、行動を習慣化するためには重要であるということは覚えておかなければならない。

挫折しないコツは、「頑張らない」「ゆるい」

32 ジョブズも実践した「やりがい」の引き出し方

同じ行動をしていても、本人が、その行動にどんな意味づけをするかで、取り組む姿勢がまったく異なってくる。

たとえば、鉄骨を運ぶ仕事をするとき、「私は安い賃金で重労働をさせられている」と思うと、どうしてもやる気が出てこない。ところが、同じように鉄骨を運ぶにしても、「オリンピックの会場づくりをしているんだ」と思えば、俄然《がぜん》やりがいを感じるのではないかと思われる。

スティーブ・ジョブズは、マッキントッシュの開発にあたって、若いエンジニアたちに週90時間というハードワークを求めた。けれども、エンジニアたちは嬉々《きき》として開発に取り組んでくれたという。というのも、ジョブズは、「キミたちはアーティストなんだ！」と言い続けたからである（『スティーブ・ジョブズ　夢をさがし続けよう』桑原晃弥著、ＰＨＰ）。

同じ仕事をするにしろ、芸術家（アーティスト）なのだと言われたら、作品の手を抜くわけにはいかなくなる。

ジョブズは、仕事の「意味づけ」を変えることによって、エンジニアの情熱を引き出したのである。

みなさんは、自分の行動に、きちんとした「意味」を付与しているであろうか。

その行動をすることに、「意味がない」のであれば、「面倒くさい」と感じるのは当然である。私たちは、〝やっても無意味〟なことには、生きがいもやりがいも情熱も感じられるわけがないのだ。

「勉強なんて、やるだけムダ」

「社会に出たら、数学なんて役に立たない」

もし勉強にそのような意味づけを与えていたら、やる気を出すのはものすごく難しいであろう。やる気のない学生は、得てして、そのような意味づけを与えているものである。マジメに勉強をする学生は、もっと違う意味づけをしている。

「勉強をすれば、生涯賃金で1億円も差がつく」
「勉強して一流大学を卒業すれば、後の人生がずっとラク」

そんなふうな意味づけをしているのではないかと思う。だから、いくらでも勉強を頑張れるのだし、少しも辛いとは感じない。

自分の行動に、ひとつでも、ふたつでも、良い点があることに目を向けよう。素晴らしい長所を見つければ、その行動をするのに、まったく負担を感じなくなる。

ペンシルバニア州立大学のリック・ジャコブスによると、一つでもいい点を見つければ、芋づる式に他の点も好ましく評価できるようになるという。

最初は、「○○も、けっこう悪くないじゃないか」というレベルかもしれないが、そのうち、「○○って、ものすごく楽しいぞ」という気持ちが高まっていき、ますますその行動をするのがラクになっていくのだ。

その行動の「意味づけ」をポジティブに変えてみよう

33 「あえて最悪の事態をイメージする」とラクにできる

韓国では絶対に流行しないといわれているビジネスがある。それは、老人ホーム。

なぜ老人ホームが流行しないのかというと、韓国では、子どもが親の面倒を見るのは当たり前、という考え方が一般的だからである。たとえ老人ホームを作ったところで、だれも自分の親を入居させようとしなければ、ビジネスが成立するわけがない。

韓国人は、親の介護を面倒くさいなどとは考えない。

韓国人にとって、親の介護をすることなど、当たり前すぎるほどに当たり前のことであって、それが困難であるとはあまり考えないのではないかと思う。

面倒なのは当たり前だと思っていれば、面倒くささをあまり感じない。

親の介護だって、子育てだって、面倒なことはいっぱいあるが、「そんなの当たり前じゃないか」と思っていれば、けっこう何とかなってしまうものである。

だから、最初から甘い期待など抱かないほうがいい。

いや、むしろ最悪の事態を想像しておくと、さらによいのではないか。

なぜなら、自分で想像しうる限りの最悪の事態を考えておけば、むしろ現実にはそこまで大変でないレベルですませることが多いからである。

甘いことを考えていれば、「うわあ〜、想像以上に大変だったな」という気持ちになってしまうのに対して、最悪のことをあらかじめ想定しておけば、

「あれっ、そんなに大変じゃなかった」

「なんだ、こんなものだったのか」

と胸をなでおろすことができる。そして、次からもラクに取り組めるようになる。

カナダにあるウォータールー大学のイアン・ニューバイ＝クラークという心理学者によると、私たちは、自分にとって都合のいい、甘いことばかりを考える傾向があるという。甘いことを考えるから、厳しい現実に直面して右往左往することになるのである。

ところが、最悪のことを考えていれば、現実はそこまではひどくならないので、むしろ精神的には落ち着いて構えていられるのである。

かつての日本人は、今の日本人に比べて、ずっと我慢強かった。

しかし、それは我慢強かったというより、我慢するのが当たり前だと思っていたからであり、むしろもっとひどいことを考えていたからではないか、と私は思っている。最悪の

想定をしていたから、少しくらい大変な目に遭っても、「よかった。思っていたよりずっとラクだった」と思えたのではないかと思う。

ネガティブ思考を生かせば、大変なことも「想定内」になる

34 「写真を使った「自己暗示法」」

成功哲学の本を読むと、「なりたい自分をありありとイメージせよ」などと書かれている。しかし、頭の中に鮮明なイメージを思い浮かぶことなど、できるのであろうか。とても難しいように思われるのだが。

そんなときには、実際の写真を活用するのがいい。

たとえば、「大きな家に住みたい」と思うのなら、自分が望むイメージに近い家を見つけたら、その家の写真を撮らせてもらうのだ。その写真を見ながらであれば、「いつか私もこんな家に住むぞ！」というイメージを頭に思い描きやすい。

全米屈指の資産家として成功したベニハナの創業者ロッキー青木さんは、ロールス・ロイスを持っている人を見つけると、すぐに頼んで写真を撮らせてもらっていたという。何枚も何枚もロールス・ロイスの写真を眺めながら、やる気を出したそうだ。

女優さんやモデルの中には、まだ若いころには、トップモデルのポスターや写真の切り抜きなどを壁に貼っておき、「私も、こんなふうになりたい」というイメージを膨らませるやり方をする人が少なくない。

単に頭の中だけでイメージを持つのは難しいが、すでに実在する人物のようになりたいなら、その人の写真を眺めていれば、意欲も湧いてくる。

イメージが鮮明であればあるほど、私たちは自己暗示にかかりやすくなる。これを「鮮明効果」という。ただし、イメージがあまり思い浮かばないと、鮮明効果も弱くなる。だから、イメージを強化するために、写真であるとか、画像であるとか、動画のようなものを使ったほうがいいのだ。

バリバリと精力的に働いている先輩や上司が同じ職場にいるのなら、その人がやっている行動をしっかりと観察するようにしよう。その行動を盗むように努力してみよう。そうすれば、みなさん自身もその先輩や上司と同じような行動ができるようになっていく。

スポーツの世界では、プロの選手の試合などをビデオにとっておき、それを**くり返して**

再生して眺めることで、自分も同じ技を身につけられることが知られている。ただ見ているだけで、学習が行われるのである。

「百聞は一見に如《し》かず」という言葉もあるが、私たちは映像イメージであれば、一発で理解できるし、イメージもできるのである。

ミネソタ大学のテリー・チャイルダースは、２７１名の大学生に、文章だけでできた広告と、写真が載せられた広告を見せて、２日後、その内容をどれくらい記憶しているのかを調べたところ、写真が載せられた広告のほうが、２倍近くもよく記憶されていたという。映像イメージは、頭に残りやすいのである。

イメージ力がない人でも、写真を見れば、そのイメージが頭の中にすぐ浮かぶ。しかも忘れにくい。

自己暗示のためにイメージは有効だが、それを強化するためには写真をうまく使うのが一番である。

「写真の暗示」を使えば、なりたい行動ができるようになる

脳は筋肉のように鍛えられる

毎日、数学をやっていると、数学に強い脳になっていく。くり返し集中する訓練をしていると、集中しやすい脳になっていく。私たちの脳は、くり返し同じことをすることによって、脳自体が変化していくのである。まるで筋肉がトレーニングによって逞《たくま》しくなっていくように、脳の灰白質《かいはくしつ》が増強されていくのだ。

毎日、心配ばかりしていると、心配しやすい脳になってしまう。

1回や2回くらい、心配したとしても脳は変化しない。ところが、くり返し、くり返し、毎日のように心配していると、心配しやすい脳ができあがってしまうわけである。こうなると、もう何をするにしても、ビクビク、オドオドしやすい体質になってしまう。

何をするにしろ、「面倒くさいな」という意識でスタートする人は、面倒くささを感じやすい脳になってしまう。

特に面倒くさくないはずのこと、たとえば食事や歯みがきといったことをやるときにでも、「ああ、面倒くさい」と感じる。いったんそういう脳になると、恋愛するのも面倒くさいし、眠るのも面倒くさいし、生きているのさえ面倒くさくなっていく。

「では、いったん面倒くさいと感じる脳になったら、もうダメなんでしょうか?」

と不安になる読者もいらっしゃるであろう。

しかし、そうではない。

脳というのは、いくらでも変わりうる。

これを **「脳の可塑性《かそせい》」** と呼んでいる。

運動しない人は、筋力が落ちてしまっているが、適切なトレーニングを行えば、何歳になっても筋肉は増強されるのと同じく、面倒くさがりの脳だって、面倒くささを感じにくい脳へ変えることは可能である。

「面倒くさい」と意識することで、脳はどんどん面倒くさがりの脳へと変わってしまうわけだから、その逆のことを意識するようにすればいい。

何をするにしろ、「面白そう」と口に出して20回ずつ唱えるといいですよ、とアドバイスしたのは、脳を変えるためである。

私たちの脳が、「面倒くさい」という指令を出し、私たちのやる気を奪っているのであるから、今度は逆に、「面白そうだぞ、もっとやってみようよ」という指令を出すように仕向けるのである。

自分に向けての言葉かけのことを、心理学では **「自己会話」** と呼んでいるのだが、ドイツにあるザールラント大学のヨハン・シュナイダーによると、**「自分なら、大丈夫」「自分なら、何だってうまくできる」と考える楽観的な人は、楽観的になれるような自己会話をいつでも頻繁にやっている**のだそうである。

気楽なことを考えるクセをつけよう。

そうすれば、気楽さを感じやすくなるような脳ができあがっていく。「どんなに面倒なことでも、自分ならホイホイ片づけられるよ」と自然に考えられるくらい、自分に言い聞かせることが重要である。

面倒くさく感じやすいのは、この「心理的ギャップ」があるからだ

世の中のあらゆることは、もともと面倒くさいものだと思っていれば、そんなにイライラせずにすませることができる。面倒くさいのが当たり前だと思っていれば、まったく腹も立たなくなる。

徳川家康は、「人生は、重き荷を負うて遠き道を往《い》くがごとし」という言葉を残したといわれているが、人生というのは、もともと重い荷物を背負って歩いていかなければならないものなのだ。それが当たり前だと思っていれば、「なんでこんなに荷物が重いんだよ！」などといちいち愚痴を言わずにすむし、不満も感じなくなる。

高山地方で暮らす人たちは、生活をするうえで「どうしてこんなに酸素が薄いんだ！」などと文句を言うことはない。なぜなら、酸素が薄いことなど、彼らにとっては生まれたときから当たり前すぎることだからである。本当は過酷な環境であるはずなのに、それが当たり前だと思っていれば、少しも苦労を感じないのである。

「人づき合いが面倒くさい」と感じている人は多いと思う。

けれども、人づき合いというのは、そもそも、だれにとっても面倒くさいものなのではないだろうか。

だから人づき合いに対して、甘い期待など抱かず、むしろ、面倒くさいのが当たり前だと思っていたほうがいい。そのほうが、あまり人づき合いで疲れずにすむ。

ローマの五賢帝の一人マルクス・アウレーリウスの『自省録』には、人づき合いで腹を立てない方法として、同じアドバイスがなされている。世の中には、イヤなヤツがいっぱいいるのが当たり前だと思っていれば、そんなに腹も立たなくなるというのである。

「仕事でラクをしたい」

「どうにか手を抜きたい」

と甘いことを考えれば考えるほど、みなさんは現実とのギャップを感じて、「ああ〜、面倒くさい」という気持ちを強く感じてしまうであろう。

むしろ、「仕事は面倒なのが、当たり前じゃないか」と覚悟していれば、むしろ仕事が片づいたときに、「あれれ、思ったよりずっとラクだったな」と、結果として、精神的にラクができるのである。

米国デューク大学のアンドリュー・カートンは、ある作業をさせるときに、「監督者からの邪魔が入ります」ということをあらかじめ伝えておくと、実際に邪魔されても、そんなにストレスを感じないということを実験的に明らかにしている。

「邪魔されるんだな」とわかっていれば、邪魔が入っても、どうということはなくなるのだ。

逆説的なことながら、「できるだけラクをしたい」と思えば思うほど、みなさんは苦痛を感じることになり、逆に、「けっこう大変なのかもしれないぞ」とあらかじめ覚悟していれば、意外にそうでもなくて、簡単にやりすごすことができるのである。

Part 5

すぐ行動できる人がやっていること

面倒くさがらない体質に生まれ変わる「習慣力」

35 一流が実践している「ルーティン」の心理効果

ラグビー日本代表の五郎丸歩選手が行うルーティンが話題になった。五郎丸選手は、独特のポーズ（指をピストルのように組んで、じっとそれを見つめるポーズ）をとってからキックを蹴っていたので、「五郎丸ポーズ」という言葉も生まれた。

五郎丸選手は、おそらく精神を集中させたり、やる気を出すためにこのルーティンを行っていたのだろうが、こうしたことは私たちも見習ったほうがいい。

勘違いしないでほしいのであるが、別に五郎丸ポーズをとれ、と言っているわけではない。ポーズは何でもいい。とにかく、何らかのルーティンを決めて、仕事に取りかかる前には、必ずそのルーティンを行うようにするのだ。

大リーガーのイチロー選手は、厳格にルーティンを守ることで知られている。バッターボックスに入る前には、屈伸などの柔軟運動をくり返し、バッターボックスに入ってからは、バットをクルクルと回してから構えるのである。そうすることによって、最高のパフォーマンスを発揮している。

オランダにあるエラスムス大学のマイケラ・シッパーズによると、スポーツ選手は、自分なりに決められた儀式を行うことによって、自分の実力ややる気を引き出すそうである。シッパーズが調べたところ、80・3％のスポーツ選手（サッカー、バレー、ホッケー）が何らかのルーティンを持っていたという。

スポーツ選手にとっては、ルーティンを持つことは、ありふれた現象なのであろう。

スポーツ選手がよくやるルーティンは、私たちも真似すべきだ。

毎日、決められたルーティンを行うことによって、「さあ、これから出陣だ！」というエネルギーを自分に注入できる。

自己啓発書の古典的名著といわれる『人を

やる気スイッチ
〝ルーティン〟がやる気スイッチになる

動かす』の著者として有名なデール・カーネギーのトレーニング教室では、新聞紙を丸めて机をバンバン叩きながら、「やるぞ」「やるぞ」と怒鳴ってやる気をかきたてるそうだし、全員で声をそろえて朝礼時に大声を出すことをルーティンとしている企業もある。

何もやらないで、やる気だけが勝手に湧いてくる、ということはありえない。

何らかの行動を起こすことにより、その行動が引き金となって、私たちのやる気は引き出されるのである。それがルーティンの効果だ。

ボールペンを10回ノックするとか、いらないA4用紙をビリビリに破るとか、くしゃくしゃに丸めるとか、メガネをゆっくり拭いてみるとか、自分なりのルーティンを決めよう。ルーティンが習慣化されれば、後はそのルーティンをするだけで、自動的にやる気が発動されるようになる。これは、まことに便利なやり方である。

ただし、「大声で叫ぶ」といったやり方は、周囲の人の迷惑になるかもしれないので、できればあまり他人に迷惑をかけないルーティンを身につけよう。

取り組む前に行う「ルーティン」を決めておこう

36 「体力が上がれば、メンタルも強くなる」

何事に対しても、積極的になれない人、やる気のない人は、そもそもの体力がない、という問題を抱えていることが多い。

「やる気がない」ことの理由は、性格によるのではなく、体力によるのである。

体力がないから、疲れやすく、気持ちがくじけやすいのである。性格が弱いとか、意志力が弱いということではないのだ。

私たちの意志力や継続力といった「心の強さ」は、「体力」と大いに関連がある。体力がないヤツは、心も弱い。体力がないヤツは、精神力を出せと言われても、出せるわけがないのである。

「すぐに諦めちゃダメだ！」

「もうちょっと頑張らなきゃダメだ！」

といくら心の中で唱えても、体力がなければ、どうすることもできない。体力は、精神力の土台となるものだからである。

米国オハイオ州クリーブランドにあるケース・ウェスタン・リザーブ大学のマーク・ムラヴェンは、精神力と体力が密接に関連しあっていることを実験的に確認している。「ハンドグリップをできるだけ長く握っていてください」という作業をやらせて体力を使い果たした人は、その後で精神力を要する作業をやらせようとしても、うまくできなくなってしまったのである。

体力がなくなったときには、私たちは頑張ろうとする精神力も弱くなってしまうのだ。体力がない人は、精神力を出そうとしても、出せない。サボろうとしているわけではなくても、本当に出せないのである。

体力と精神力は、ほぼイコールであるというのが、心理学で明らかにされた法則だ。

現代人は心が弱くなってきているというが、心理学的に見ればそれは当たり前で、現代人はあまり身体を動かさなくなっているし、体力が弱くなってきているのだから、それに歩調を合わせるように心も弱くなったのであろう。

昔の子どもは、外で遊びまわることで体力を養った。大人になっても、仕事でも身体を使う作業が多くて、自然に体力がついた。ところが現代の子どもは、あまり外で遊ばずに、家の中で携帯ゲーム機で遊んでいる。大人は、デスクワークばかりで、ほとんど身体を動かさない。体力が落ちているのに、精神力だけは昔と変わらずに強い、ということはありえないのである。

ノース・イースト・ルイジアナ大学のリンダ・パルマーは、これまで運動する習慣がなかった29歳から50歳までのボランティアを募って、ある実験に参加してもらった。

その実験とは、2週間にわたって、毎日20分ずつ運動するというものである。運動といっても、ウォーキングだけの比較的軽い運動であった。

たかが20分の運動と侮ってはならない。

2週間後、実験に参加したボランティアたちは、**自分に対しての好意的な評価が高まり、「自分なら、できる」という有能感が芽生え、プライドも高くなったというのである。しかも、血圧まで下がって、抑うつ的な考えも思い浮かびにくくなったという。**いいことずくめだったのだ。

とにかく体力をつけること。

「心を強くする」ためのメンタル・トレーニングなど受けなくても、まずは1キロでも、2キロでも歩いたり、走ったりする習慣を作ろう。そうすれば、心のほうだってそのうちに強くなる。

心を強くするには、1日20分のウォーキングから始めよう

37 「姿勢を変えると、「心の姿勢」も変わる」

姿勢が悪い人は、意志力も出せない。

特に、猫背で、肩を落としているような姿勢をとっていたら、やる気も出てこなくなる。

スペインのマドリード大学のパブロ・ブリノルは、71名の大学生の半分には、「胸を張る」姿勢をとらせ、残りの半分には「猫背」の姿勢をとらせてみた。

その姿勢をとらせたままで、ブリノルが「あなたは、将来、仕事がうまくいくと思うか？」と9点満点で尋ねてみたところ、胸を張らせたグループでは平均7・53点と回答し、猫背のグループでは平均6・90点だったという。

胸を張っていると、それだけで自信がつくようであり、「私は、大丈夫だ」という回答が増えるのである。

昔の日本人は、細かいことにもうるさかった。

姿勢については、読者のみなさんもさんざん叱られた経験があるのではないかと思う。姿勢が悪いと、学校の先生からも両親からも「アゴを引け」「もっと胸を張れ」「肩を下げるな」「首をまっすぐ立てろ」などと怒鳴られたものである。

最近では、姿勢についてもうるさく叱ってくれる人が減ってしまった。

学校では、だらしない格好で、机の上に顔を乗せていても、注意しなくなった。

そのためなのだろうか、意志力もそれに歩調を合わせるように弱まっているように感じられる。

体力がない人は意志力も出せないのだが、同じように、姿勢が悪い人も、意志力を出せない。

姿勢をよくするうえで大切なのは、実は、腹筋である。

「腹をくくる」「腹を決める」という日本語もあるが、腹筋にグッと力を入れると、自然に胸を張ることになる。するると、我慢する力も生まれてくるのだ。腹筋がない人は、胸を張ろうとしても、どこかグニャグニャした姿勢になってしまう。したがって、まずは腹筋のトレーニングをするようにすると、姿勢もよくなるし、持続力もつく。

「ああ、イヤだ」

「ああ、面倒くさい」

が口ぐせの人ほど、普段の姿勢がものすごく悪い。

そういう人は、意志力をどうにかするのではなく、まずは筋力アップと、姿勢の矯正トレーニングが必要であろう。身体を支える筋力もなく、それゆえ姿勢も悪いような人は、意志力を出したくても出せるわけがないのだから。

「胸を張る」だけで、自然とポジティブになる

38 「グズな人」が「すぐやる人」に変わるシンプルな習慣

すぐに行動が起こせないみなさんに、最適な処方箋がある。

それは、「とりあえず立ち上がる」ことだ。

立ち上がると、座っている状態よりも、次の行動に移りやすくなる。それは高い位置にある物体ほど、物理学でいう「位置エネルギー」が大きくなるからだ。とりあえず立ち上がってしまうのがポイントである。座ったり、寝そべっている状態では、何もやる気が湧いてこない。

コタツに入ってテレビを見ているときに、何か食べたくなったとしよう。けれども、冷蔵庫からお菓子やアイスをとってくるのが面倒くさいと感じるかもしれない。

けれども、気軽にホイッと立ち上がってしまえば、後は自動的に台所まで歩くのはたやすい。とりあえず、立ち上がるのがポイントである。いったん立ち上がってしまえば、億劫《おっくう》だな、と思うこともない。

レオナルド・ダ・ヴィンチや、ドストエフスキーは、立ったまま、書見台で作業をしていたという。彼らが精力的に仕事をこなせたのは、「立って仕事をしていたから」だと心理学的には考えられる。

座ったまま作業をするより、立ってやったほうが、だんぜん楽しさを感じる。

しかも、そのほうが、スピーディに、精力的に取り組むこともできる。

ミズーリ大学のアレン・ブルードーンは、立った状態で、あるいは座った状態で、高度な判断を要する意思決定の課題をやらせてみたことがある。

すると、**決断するまでにかかった時間は、立ったままのときでは589・04秒であった**

のに対して、座った状態で考えなければならない条件では、788・04秒もかかってしまったというのだ。

立った状態というのは、判断をするのもラクになるし、行動をとりやすくもなるオススメの方法である。しかも、その場で立ち上がるだけなのだから、そんなに難しいことを要求されるわけでもない。

仕事ができる人は、「腰が軽い」といわれる。

彼らは、「だれか、この仕事、頼めるかな?」といわれると、すぐに「僕、やりますよ」と気軽に椅子から立ち上がる。彼らは、やる気があるから立ち上がるのではなくて、いつでも立ち上がるクセを持っているからやる気も出せるのだ。

仕事ができない人は、「腰が重い」。

彼らは、いつまでも座り続け、腰を上げることはない。そういう人は、何をやらせても遅いし、しかもイヤな顔をしながらしぶしぶ取り組む。「面倒くさい」という気持ちが、表情にありありと出ている。

何をするにしろ、まずは立ち上がることが先決だ。

グズグズしていたら、気持ちのほうも盛り上がってこない。まずは立ち上がることで、心に灯《ひ》をともそう。立ち上がってしまえば、後は自然に心にエネルギーが湧いてくる。

とりあえず、立ち上がってみよう

39 出かけるのがおっくうかどうかは「住むところ」で決まる

もし引っ越しを考えていらっしゃる方がいれば、これからするお話をよく覚えておいてほしい。それは、なるべく低層階、できれば1階に住んだほうがよい、ということである。

これにはいろいろな理由がある。

たしかに高層階に住んだほうが、なんとなくオシャレで、ハイソな感じがする。けれども高層階に住むと、どうしても外出するのが億劫になる。エレベーターや階段でいちいち下に降りてこなければならないからだ。

1階に住めば、ドアを開ければそのまま外出ができるわけで、降りてくる手間を一つ省くことができる。

「下に降りてくる」のはたいした手間ではなさそうに思えるものの、そのひと手間があるかどうかで、私たちの感じる「面倒くささ」はものすごく大きくなるのだ。実際、高層階に住む人ほど、外出するのが億劫になり、運動不足になりやすい。

1階に住めば、少なくとも高層階に住むよりも外に出ることを億劫に感じることは減らせる。

通勤・通学をするにしろ、ジムに通うにしろ、買い物に出かけるにしろ、1階にいたほうが「出かけるのが、面倒くさい」とは感じにくくなる。これはかなりのメリットである。高層階に住んでしまうと、こうはいかなくなる。

また、高層階に住むことにはさらなるデメリットもある。いくつかご紹介しよう。

● 静岡大学で行われた研究によると、高層階に住む人ほど、他人に好意を示さない、誠実にふるまわない傾向がある。

● イギリスで行われた研究では、高層階に住む人ほど神経症になりやすく、人生満足感が減り、友人の数も少ない。

● 高層階の子どもは、「寝つきが悪く、目覚めやすい」「集中できない」「偏食・拒食がある」「落ち着きがない」という特徴がある。

これらのデータは、『住まいとこころの健康－環境心理学からみた住み方の工夫』（小俣謙二編、ブレーン出版）から引用してみたものだが、高層階に住むことには、夜景がキレイであるとか、何となく自分が偉くなったように感じられるというメリットはあるのかもしれないが、デメリットのほうが多いような気がする。

「面倒くさい」を解消するには、心理学的にマンションは1階に住むのが正解だ、と申し上げておこう。

外出が億劫な人は、マンションの1階に引っ越すのが正解

40 「やる気や情熱は「一緒にいる人」から伝染する」

人間の意欲とか、やる気といったものは、感染する。

意欲に溢れた人間と一緒にいると、自分もなぜか意欲的になっていくし、やる気のない人と一緒にいると、自分も次第にやる気がない人間になってしまう。

どんなに本人にやる気があっても、やる気のない社員ばかりの会社に入社した人は、早晩、そのうちにやる気のない人間へと変貌させられてしまうであろう。やる気のなさが感染するのである。

ところが、ちゃらんぽらんな性格で面倒くさがり屋の人間でも、松岡修造さんのように熱い心を持った社員が集まる会社に入社したら、おそらくはそれに感化されて、熱い人間に生まれ変われるだろう。

私たちは、他の人の行動を見て、他の人の影響を受けている。

普段は、社会のルールを守るきちんとした人でも、「駐輪禁止」のそばに他の人の自転車がとまっているのを見れば、「まあ、俺だって同じことをしてもいいよな」と考えてしまう。

他の社員が、会社の経費を使って飲み食いしているのを見れば、道徳的で正義感の強い人でも、そのうちに自分も会社の経費で飲み食いをするようになるだろう。自分一人だけ品行方正でいるのは、バカバカしいと思ってしまうのである。

フランスにあるジョセフ・フーリエ大学のレミー・レイデルは、72名の高校生を使った実験で、教育熱心な「熱い先生」が指導をすると、高校生たちもそれに感化されてやる気を出すのに対して、あまり教育に関心のない「冷めた先生」が指導をすると、高校生もやる気を出さなくなる、という報告を行っている。

熱い人と一緒にいれば、みなさんも自然に熱くなれる。

逆に、冷めた人と一緒にいると、冷めた人間になってしまう。

したがって、できるだけやる気にあふれた人と一緒にいるようにするのがポイントである。何事に対しても、積極的で、前向きな人と一緒に行動するようにするといい。そうすれば、みなさんも熱い人間になれる。

「なんだか面倒くさいなあ」「あ〜、何もしたくねえ」といった不満ばかりを口にする人からは、なるべく距離をとろう。そんな人のそばにいたら、みなさん自身がやる気のない人間になってしまう。

「孟母三遷《もうぼさんせん》」で知られる孟子のお母さんは、息子の孟子が近所の人からの影響を受けることを考慮して、たびたび引っ越しをしたといわれている。最後の引っ越しをしたとき、その場所が学校のそばだったので、孟子は他の人の真似をして熱心に学問をするようになったので、お母さんは安心してそこに住むことに決めた、というのである。

人間は、いくら自分で頑張ろうと思っても、他の人がダラダラしているのを見たら、簡単にやる気などくじかれてしまう。だから、なるべく悪い影響を受けないように、つき合う人間をきちんと選ぶことも大切なことなのである。

やる気のないヤツとは距離をおこう

41 あなたのまわりの「エネルギー・バンパイヤ」に気をつけろ

本人には、悪気はないのかもしれないが、どうにも元気のない人間がいる。声も小さく、どこか虚《うつ》ろな表情をしているような人間だ。こちらから挨拶しても、蚊の鳴くような返事しか返ってこない。

そういう人間からも、やはり距離をとって近寄らないようにするといい。

なぜなら、一緒にいると、こちらの元気まで奪われてしまうからだ。

経営コンサルタントのロナ・リヒテンバーグは、『仕事の人間関係がうまい人が成功する』（主婦の友社）という本の中で、情熱もなく、一緒にいるだけで、どんどん気がめいってきてしまうような人がいると指摘し、彼らを**「エネルギー・バンパイヤ」**と名づけている。

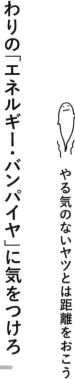

バンパイヤとは吸血鬼のことであるが、血の代わりにこちらのエネルギーをどんどん吸い取ってしまうような人間が、「エネルギー・バンパイヤ」である。

彼らの顔を見ているだけで、こちらのやる気も失せてしまう。

だから、なるべく彼らとは顔も合わせないほうがいいし、話しかけないほうがいいし、無視していたほうがいいのである。

「君子危うきに近寄らず」という言葉もあるが、エネルギー・バンパイヤには、なるべく近寄らないのが正解である。そんな人といると、何となく身体も疲れたように感じるし、仕事をするのも面倒くさくなってしまうからだ。

カリフォルニア州立大学のトーマス・サイは、大学生たちに3人から5人のチームを作って、テントを組み立てさせるという実験をしたことがある。

それぞれのグループには、一人ずつリーダーがいたのだが、リーダーには、楽しい気分で精力的にテントを組み立てるタイプと、やる気がなくてメンバーに丸投げするようなタイプがいた。

さて、彼らがテントを組み立てている場面をビデオで分析してみると、リーダーが精力的に動き回っているグループでは、メンバーたちもそれに感化され、積極的に行動することが観察された。しかも、みな楽しそうに作業をしていたのであった。

ところが、暗いというか、やる気がないというか、そういうリーダーの下で作業をするメンバーたちは、みなリーダーと同じように虚ろな表情をして、つまらなそうにテントを組み立てていた。お互いに声をかけあうこともせず、しかも作業は遅かった。

私たちは、一緒にいる人の影響を受ける。

やる気のない人と一緒にいたら、こちらのエネルギーまで無情に奪われていくのである。

元気のないヤツのそばにも近寄らない

42 「声の大きさ」でポジティブな印象を与える

アカシカというシカの仲間がいる。オスは、メスを占有してハーレムを作るのだが、どうやって強いオスが決まるのかというと、吠え声の大きさだという。吠え声をあげるには相当のエネルギーが必要で、「俺はこんなに体力があるんだぞ」ということを、吠え声の大きさでアピールするらしい。

人間だって、声が大きいほうが、強さを感じさせる。

あるいは、積極性やバイタリティを感じさせる。

カリフォルニア州立大学のデビッド・ファンダーは、人に好かれるための62の行動を分析してみたのだが、「声が大きい」ということは、魅力を感じさせるうえで非常に重要な要因であることを突き止めている。

ただ大きな声を出しているだけで、「あいつは仕事ができる」とか「頼りがいがある」とか、「社交的だ」といったポジティブな印象を与えることができるのである。よいイメージを与えるためにも、大きな声はとても重要な働きをするのである。

大きな声を出すためには、たくさんの空気を吸い込まなければならず、たくさん空気を吸い込んでいれば、身体も活性化してくる。やる気も湧いてくる。だから、いつでも大きな声で話すようなクセをつけたほうがいいということを覚えておこう。

大きな声を出すのが苦手なら、高い声でもいい。

昔のエレベーターガールや、店頭キャンペーンや発表会のコンパニオンといった人たちが出すあの高い声は、人を幸せな気持ちにさせる効果を狙ったものである。彼女たちは、あえて高い声を出すことによって、人の気持ちを盛り上げようとしているわけであるが、おそらくは彼女たち自身も、気分の高揚を感じているはずだ。

私たちは、リズミカルな曲や軽快なワルツなどを聞いていると、気分が高揚してくるが、高い声で話すようにすると、自分の声でたえずワルツを聞いているときのような心理効果が起きるのである。

話している内容はごくまともなのに、聞いているとイライラさせられてしまう人が少なくない。それは、話し手の声が原因だ。力がなく、抑揚もなく、元気もない声を聞いていると、私たちはイライラさせられるのである。

魅力を感じさせるためにも、また自分自身の心をポジティブにするためにも、できるだけ大きな声を出すようにしよう。声の大きさは、出そうと思えばいくらでも出せる。難しい技術などはないのだから、ただ大きな声を出すようにすればいい。

それに加えて、なるべく弾んだ声、高い声を出すように心がけよう。「低い声が渋い」と感じる人もいることはいるのだが、陽気な声のほうが明るいイメージを出すことができるからである。

大きな声、弾んだ声を出すようにすると、気分も乗ってくる

43 「朝型のヒバリは、夜型のフクロウに勝つ」

朝早く起きて、午前中から最高のパフォーマンスができるような人を、「朝型人間」という。逆に、夜になってからでないと調子が出ない、という人もいる。こちらは「夜型人間」といわれている。

ミシガン大学のバーバラ・ワッツによると、やる気に溢れて、時間のムダを嫌い、率先して何でもこなせるタイプは、みな「朝型人間」であるという。「夜型人間」は、ダラダラしていて、エネルギーやバイタリティも足りない。

みなさんにやる気が足りないのは、早起きしていないから、という可能性がある。夜遅くまで仕事をし、朝起きられないからこそ、テンションが上がらず、すべてが面倒くさいと感じている可能性が高いのだ。

受験生の間では、「ヒバリはフクロウに勝つ」といわれている。

朝型のヒバリのほうが、夜型のフクロウより合格率が高くなる、というのである。これは心理学的に言っても正しい。朝型と夜型で分けると、朝型のほうが学業成績は高くなることが明らかにされているからである。

勉強だけでなく、仕事でも同じである。

『プレジデント』誌で行われた調査（2013年7月29日号）によると、**年収が高くなるほど朝型人間が多く、貯蓄額も大きくなる**傾向が見られたという。朝型人間は、ビジネスにおいても強さを発揮するようだ。

もし、やる気を出したいのなら、朝型人間にならなければならない。

夜更かしなどをしていたら、頭も身体も調子が出るわけがないのだ。

なお、朝型とか夜型というのは、固定的なものではない。

「私は、夜型だから、もう一生、夜型のままなんです」ということはない。本人が変えようと思えば、いくらでも変えることができる。朝型か、夜型かは、体質的に決まっているわけではないのだ。毎日、少しずつ布団に入る時間を早くすれば、だれでも簡単に朝型人間になれる。

早起きをするのは、それほど難しくはない。

あらかじめ窓のカーテンを開けたまま眠るようにすると、朝日がそのまま部屋に差し込み、自然と目が覚める。

また、寝起きにダラダラしないためには、起きたらすぐに窓を開け、朝の清涼な空気をいっぱい吸い込むとよい。冷たい空気を吸い込めば、脳はいっぺんに目覚める。

「やる気を出さなきゃな」と念仏のように唱えていても、やる気は出てこない。それに何より、毎日、やる気を引っ張り出さなければならないのは、煩わしい。

その点、生活習慣を見直し、朝型人間になれば、わざわざ「やる気を出そう」という気にならなくても、勝手にやる気は湧いてくる。これはとても便利なやり方である。

早起きをして脳を目覚めさせる

44 「精力的に活動する人は、睡眠時間が少し短い」

浅野財閥創業者で、「日本のセメント王」と呼ばれた浅野総一郎さんは、大変エネルギッシュな人物であった。

そんな浅野さんは、「一日に4時間以上寝ると、人間がバカになる」というモットーを持っていたそうで、82歳で亡くなるまで、このモーレツ主義を貫いたといわれている。

さすがに一日に4時間の睡眠では足りないような気もするが、やる気を出したいなら、睡眠時間を削ることは重要である。「たくさん眠らないと調子が出ない」というのはウソで、本当のところ、睡眠時間は、ちょっぴり短いくらいのほうが元気が出る。

精力的に生きている人は、睡眠時間が短いという傾向がある。

フォーチュン誌が一流企業500社の管理職者を調査したところ、管理職は一般社員よりも睡眠時間が少ないわりに（46％が6時間睡眠）、まったく問題などないと答えている。そんなに眠らなくとも、人間は倒れたりしないので大丈夫だ。

イエール大学のアーネスト・ハートマンは、睡眠時間の短い人（6時間以下）に共通して見られるパーソナリティ特徴として、精力的で野心家、さらに決断力に富み、世慣れていて、不満も少ない、などを挙げている。

またハートマンは、睡眠時間が長い人（9時間以上）についても調べているが、こちらの特徴は、悩みが多く、軽い抑うつ病で、心理的な安定度が低い、といった特徴が顕著であるという。

みなさんが、怠惰で、面倒くさがり屋であるとしたら、むやみに惰眠をむさぼろうとしているからかもしれない。

睡眠時間をとりすぎるよりは、少し足りないくらいのほうが、身体も心も調子がよくなってくるものである。

睡眠は、たしかに人間にとって必要なものではあるが、「過ぎたるはなお及ばざるが如し」とはよくいったもので、「とりすぎる」のはよくないのである。睡眠は、塩分のようなもので、塩分はたしかに必要だが、とりすぎはよくないのだ。

休日に、予定がないからと、何時間もダラダラと眠ろうとすると、かえって身体が疲れて、やる気がなくなってしまう。むしろ、休日にはいつも以上に早く起きて、普段はできないような活動を積極的にするようにしたほうがいい。そのほうが健康にもいいし、心も生き生きとしてくるものである。

「眠れば活力が回復する」というのは本当だが、「眠りすぎると活力は奪われる」という危険性もあることを、きちんと認識しておこう。

惰眠をむさぼらない

クヨクヨ人間から脱け出すコツは、ムダなエネルギーを使い切ること

クヨクヨと思い悩むことを克服するコツは、とにかく激しい運動をして、疲れ切ってしまうことである。

頭を悩ませることは非常にたくさんのエネルギーを消費するものなのだが、疲れ切っていれば、頭を悩ませることに費やすエネルギーも減るのである。

身体がヘトヘトになるまで動いた後には、なぜか頭の中も真っ白になってクリアになる。エネルギーを使い果たしてしまえば、悩むために使うエネルギーもなくなってしまうのだ。

身体を動かしている人には、なぜか楽観的で、あまり物事に悩まない人が多い。

身体を動かすことによってエネルギーが消費され、悩むほうにまでエネルギーが回らなくなるからだろう。

逆に、ほとんど身体を動かさない人は、エネルギーが余ってしまっていて、それがつまらない思考のほうに向かう。同じことを、いつまでも、いつまでも思い悩み続けるのは、エネルギーが余ってしまっているからだ。

仕事の後にも、スポーツを楽しんだり、各種スクールに通ったりしている人は、いろいろな方面でエネルギーを発散できる。だから、余計なことを考えない。そんなところにムダなエネルギーを使えないのだ。

したがって、ネガティブなことばかりを考えて悩みがちな人は、とにかく身体を動かして、そち

らでエネルギーを使い切ってしまったほうがいい。これは、『ライフハックス心理学』（佐々木正悟著、アスキー）という本に載せられていたアドバイスだが、とても有効なやり方であると思う。

身体を動かさないでいると、次第にエネルギーが余ってくるのだが、その余ったエネルギーは、得てしてつまらない思考に向かいやすい。不安になったり、抑うつ的になったりするのは、そのためである。建設的な思考にエネルギーが向かってもよさそうなものなのだが、なぜかネガティブな思考に使われることのほうが多いのだ。

昼間のうちに、できるだけ身体を動かして、自分の中にあるエネルギーをそっくり使い切ってしまおう。そうすれば、頭の中が、悶々としてきて、いつまでも悩みが晴れない、ということはなくなる。頭の中も空っぽになって、ぐっすりと眠れるはずだ。

身体を動かすこと嫌う人は多いが、倒れるくらい疲れていれば、逆に、おかしなことを考えて悩むこともなくなるのである。

Part 6

思いどおりの自分になるために

「自分の感情と思考を自在にコントロールする心理学」

45 「ダメ！」と言われるとしたくなる、「やれ！」と言われるとやる気がなくなる心理

自分では本当は取り組みたくないのに、しかたなく取り組まなければならないとき、私たちは、「頑張らないと……」と自分に言い聞かせる。

しかし、そうやって言い聞かせれば言い聞かせるほど、どんどんやる気は失われる。「やらなきゃいけない」と自分を納得させようと努力しているのに、なぜ逆に、やる気がなくなるのか。

逆説的ながら、「やらなきゃ、頑張らなきゃ」と思うことが、その原因である。これを心理学では、**「アイロニック効果」（皮肉効果）**と呼んでいる。

米国ヴァージニア大学のダニエル・ウェグナーは、「これから1分間、シロクマについてだけは考えてはいけません」とお願いすると、かえってシロクマの映像が頭に浮かびやすくなるし、「リラックスしてください」とお願いすると、かえって身体がこわばって緊張してしまう、という皮肉な現象が見られることを発見し、これを「アイロニック効果」と名づけた。

「○○しよう」
「○○しなければ」
と思えば思うほど、どんどんやる気が失われていくのは、そのためなのである。

親が一生懸命に、**「勉強しなさい」と言えば言うほど、子どもはやる気を失う。**本人も、「勉強しなければ」ということはわかっているのだ。けれども、「勉強しなきゃ」と思えば思うほど、やりたくなくなってしまうのである。これもアイロニック効果のせいである。

上司が、口を酸っぱくして、「手抜きをするなよ」と注意すればするほど、部下はどこかで手を抜くことを考えてしまう。これもやはり、アイロニック効果だ。

人間なのだから、どうしてもやる気が起き

「頑張ろう！」「～しなきゃ」と気合を入れるのは逆効果

ないというときはある。

そんなときには、もう諦めてやらないほうがいい。なぜなら、どうせやろうとしても、「やれない」からである。

自分がやりたくないと思っている以上、「やろう」としても、どうせ皮肉な結果にしかならず、生産性もあがらないのだから、やるだけ無意味なのだ。

どうしても自分がその気にならないときに、ムリやりにやる気を引っ張り出そうとしても、そんなことができるわけがない。こんな場合には、開き直ってしまうのが一番である。

プロのスポーツ選手でも、どうしても練習をしたくないときというのがあるのであり、こんなときにムリをしようとすると、かえってケガなどをするという。したがって、こんなときには休みをとって気分転換を図り、自然に練習をする気持ちが戻るのを待つのが正しいそうである。

「頑張らなきゃ……」とムリやりやるのは無意味

46 「自分の感情・知性の〝バイオリズム〟を知っておく」

私たちの調子は、機械と違って、いつでも一定というわけではない。

ものすごく調子がいいときもあれば、まったく調子が出ないときもある。365日、コンスタントに同じだけの仕事をするのはムリである。風邪や花粉症などで体調が悪くて、調子が出ないときもあるだろうし、理由はわからないが、とにかく調子が乗らないときだってあるだろう。

だれにだって、やる気が湧かない時期がある。

人は、いつもいつも全力投球できるわけではない。それは本人がサボりたがっているわけではなく、もともと人間には「波」があるのが普通なのだ。

その波のことを、**〝バイオリズム〟**という。

バイオリズムは、ドイツのフリースというお医者さんが発見したもので、23日周期で私たちの身体は調子がよくなったり、悪くなったりするそうである。これを「身体リズム」という。

フリースはさらに、28日周期の「感情リズム」があることも突き止めた。その後、オーストリアのテルチャーという人物によって、33日周期の「知性リズム」があることも明らかにされている。

細かい周期はさておくとして、調子が出ない日は、どんなに頑張っても調子は出ないのである。バイオリズムが低調期に入ったら、意志ではどうにもならないのだ。

調子をコンスタントに保つことが難しい以上、調子がいいときに「貯金」するようにすればいい。

「おっ、今日は、気分が乗ってるな」というときに、2倍も3倍も仕事をこなしておき、かりに調子が出ない周期に入っても、帳尻が合うようにしておくのだ。

毎年のように高い打率を残している一流のバッターでも、毎試合、必ずヒットが打てるとは限らない。体調を整えて、厳しいトレーニングを受けているプロでさえ、コンスタントな結果を残すのは難しい。

けれども、一流選手になればなるほど、「貯金」の使い方が実にうまい。

調子のいいときにまとめてヒットを打っておいて、ノーヒットの試合が続いても、打率が落ちないようにしているのだ。

バイオリズムの正しい周期はわからなくても、「今日はダメだな…」というときには、おそらくバイオリズムが低調期に入っているのだと割り切り、そんなときには、充電期間だと思ってのんびりやるのがよい。

どうせやる気を出そうとしても出てこない。そのうち上昇期に入ったら、まとめて貯金をすればいいのだ。

また、バイオリズムとはちょっと違うのだが、人によっては週の前半のほうが気分が乗るとか、月の後半のほうが気分が乗る、といったことがあるかもしれない。

その場合にも、自分が絶好調のタイミングを狙って、どんどん貯金をし、乗らないときにはその貯金で何とか乗り切るようにするとうまくいく。

人間というものは、コンスタントに調子を発揮できないのが当たり前なのだから、「貯金しておく」ことは非常に大切である。

調子のいいときに、たっぷり「貯金」しておこう

47 「ちょっと休めば気力は戻る」のウソ

中途半端に休みをとろうとすると、もはや立ち上がる気力も失われる。したがって、こんなときには残っているエネルギーを振り絞って、とにかく最後まで終わらせたほうがよい場合もある。

「まあ、残りは明日やるか」と思って後回しにすると、翌日には、なんだか気分が乗らずに、終わらせるのに倍以上の手間がかかることも少なくない。疲れたからといって簡単に投げ出さず、頑張ってその日のうちに終わらせたほうが、心理的にもラクである。

「ちょっと休めば、気力も元に戻るのではないか」というのはウソであり、いったん休むと、なぜか立ち上がる気力すら失われることが多い。

兵隊が進軍するとき、疲れたからといって道路の脇にへたり込むと、そのまま立ち上がれなくなってしまうので、どんなに辛くとも目的地までとにかく歩いてしまったほうがいいという話を、どこかの本で読んだことがある。

いったん心が折れると、元通りになどならないのである。

文部科学省は、不登校を起こしている子どもは、心のエネルギーが少なくなっていると言っていた。だから、休ませればエネルギーが満ちてきて、学校へ行くようになるというのである。

しかし現場の先生たちは、「それは逆だ」ということを知っていた。休み続けるうちにエネルギーはなくなっていく。そのため、現場では「不登校は、最初の3日が勝負」といわれるのである。不登校が始まって最初の3日のうちに、ムリやりにでも学校に連れてこなければ、本当に不登校になってしまう。

疲れたときには、ただぼんやりと座って休むよりも、むしろ少し身体を動かしながら休んだほうが、ずっと疲労がとれて、中身の濃い休息ができる。これは、条件反射で有名なパブロフの師匠であるモスクワ大学のセーチェノフが発見したので**「セーチェノフ効果」**と呼ばれている。

仕事で疲れたからといって、ソファにごろんと横になったりするよりは、むしろ軽く散歩をするとか、ストレッチをしたほうが、疲れはとれる。そういう「積極的休息」であれば休みをとってもいい。それにしても5分も休憩をとれば十分であり、とにかく、とりかかっている仕事を片づけることに専念しよう。

「面倒だから、明日やるか」と軽く考えてはならない。

今日なら何とかできることでも、明日になったら、できるかどうかはわからない。

したがって、疲れて面倒だと感じても、その日のうちにこなせることは、その日のうちにきっちりと終わらせてしまったほうがいいのである。

いったん休むと、立ち上がる気力もなくなる

48 ストレスホルモンを抑制する働き方をすれば「疲れない」

「ああ、疲れたな」と思うとき、本当に疲れたのではなく、「飽きた」のを「疲れ」と勘違いしていることがある。疲れたのではなく、飽きたのである。

本当は疲れていないわけだから、ただ飽きただけなら、何か違う仕事をすると、さらにそのまま仕事を続けることができる。

たとえば中高生なら、英語の勉強をしていて、「疲れた」と感じたときには、試しに国語や社会の勉強をしてみるといい。すると気分転換ができて、そのまま勉強を継続することができる。「疲れた」と感じたからといって、すぐに休憩をとる必要はないのである。

仕事もそうで、計画的に〝つまみ食い〟をするようにすると、何時間でも、疲労を感じずに仕事を継続できる。

たとえば、Aの仕事を40分、Bの仕事を60分、Cの仕事を30分、またAの仕事に戻って30分、というように、別の仕事をローテーションでやるようにすると、いつまでも「飽き」がこないために、「ああ疲れた」とも感じない。

同じ仕事を続けていると、「飽き」がくる。

飽きてくると、体内からは、副腎皮質ホルモンであるコルチゾールが分泌される。コルチゾールは、ストレスホルモンとも呼ばれているもので、これがうんざりした気分にさせる主な原因だ。

ところが、**ちょこちょこと仕事を〝つまみ食い〟していると、いつまでも飽きがこないので、コルチゾールも分泌されず、結果として、疲れを感じることはないのである。**

同じ姿勢をずっととり続けるとか、同じシーンを延々と見せられるとか、同じ動作をくり返していると、私たちはすぐに飽きてしまう。

だからこんなときには、何か変化をつけることによって、飽きないようにする工夫が必要である。

できれば複数の仕事を掛け持ちして、バリエーションを選択できるようにしよう。そうすれば、「飽き」がくるたびに他の仕事をすることで、いくらでも変化をつけられる。パソコンで仕事をするのに飽きたら、手を使ってハガキを書き、それに飽きたらお客に電話をかける、といったバリエーションを持たせれば、ストレスを感じにくくなる。

なお、私たちの集中力はだいたい30分から40分が限度といわれているが、それは同じ作業を続けた場合である。

同じ作業だと30分から40分で飽きてしまうが、ちょっと変化をつければ、集中力はいつまでも持続できるのである。

「疲れた」と感じたときには、「ただ飽きただけなんじゃないか？」と考えてみよう。同じ作業を30分もやっていたら、だれでも飽きるのである。それは疲れたのではなく、飽きただけなのである。

「疲れ」を「飽き」と混同しなければ、ストレスを感じにくくなる

49 「自分の希望を「初期設定」しておく」

日本では、臓器提供意思表示カード（ドナーカード）を持っている人は、成人の約10％であるという。ドイツも12％、イギリスでは17％とそんなに変わりはない。

ところが、スウェーデンになると、カードの保持者は86％といきなり跳ね上がる、さらに、オーストリア、フランスなどは98％以上である。

なぜ、臓器提供を希望する人が、こんなに国によって差があるのだろうか。日本やドイツでは、臓器提供をする善意に溢れた人が少ないのだろうか。

実をいうと、日本などのカードの保持者が少ない国では、自分のほうから「臓器提供させてください」という意思を表示しないかぎり、提供者とはみなされないのだが、オーストリアなどの同意者が多い国では、逆に、「臓器提供はしません」という反対の意思をはっきりと示さない限り、自動的に同意の意思があるとみなされてしまう、という違いがあるだけなのである。タネを明かせば、簡単なことである。

日本では、最初の初期設定が、「臓器提供しない」である。だから、わざわざ「臓器提供する」

に設定を変えなければならない、という手間がかかる。そのため、保持者が増えないのだ。カード保持者の多い国では、初期設定が「臓器提供する」である。

わざわざ設定を変更するのは面倒だから、たいていの人はそのままにしておく。だから、臓器提供の意思ありとされる人が多くなるのである。

このように、初期設定をうまく操作するやり方を、**〝デフォルト法〟**という。

自分の望むような行動を相手がとってくれるように、あらかじめ初期設定を調整しておくことは、とても重要なことだ。

いったん初期設定を間違えてしまうと、わざわざ「臓器提供をしてください」などというキャンペーンを何回もやらなければならなくなる。つまり、面倒くさい結果になるのだ。

このデフォルト法は、いろいろなところで役に立つ。

たとえば、みなさんが飲み会の幹事をやらなければならなくなったとしよう。

おそらくメールを使って参加確認をすることになるのだろうが、こんなときには「参加しますか、不参加ですか?」という尋ね方をするのではなく、「不参加の返信がなければ、参加扱いとさせていただきます」という形にしておくのだ。

こうしておけば、送信相手からの返信がなくてイライラさせられることもない。なぜなら返信がないということは、すなわち「参加」なのだから。参加率が悪くて、何度も参加を呼びかけるメールを送る手間も省ける。

あらかじめ締め切りを決めておき、「キミは参加ということだったよね」と言いながら会費を請求すれば、さらに参加率が高まる。お金を払ったら、その分の飲み食いをしたいと思うのが人情だからである。

どんな初期設定をしておけば、自分がラクなのか。

それをよく考えてから、行動をしよう。

デフォルト法をうまく使う

50 「最初のハードルは下げておく」

何事も完璧《かんぺき》にやり遂げようと思うと、信じられないほどの時間、労力がかかるものである。試験もそうで、70点、80点くらいならちょっとした勉強でとれるが、100点満点を目指すとなると、その何倍もの時間を勉強に費やさなければならなくなる。

完璧主義はやめよう。

70点もとれればいいや、と考えよう。

そうすれば、**何をするにも億劫だと感じなくなる。**70点で十分に合格点だと考えれば、心理的なプレッシャーもなくなる。

米国メリーランド州にあるカトーバ大学のシェイラ・ブラウンロウは、**完璧主義の人ほど、なかなか「勉強に取りかからない」**という傾向があることに気がついた。完璧主義の人は、何をするにもすぐにスタートするということがなく、グズグズしていたのである。レポートを書くのも、筆記試験の準備をするのも、完璧主義の人ほど翌日に後回しにする傾向があった。

完璧主義の人は、完璧を求めるあまりに、気軽にスタートすることができない。そのため、逡巡《しゅんじゅん》をくり返し、グズグズしてしまうのであろう。

人間関係もそうで、「出会う人すべてに好かれよう」などと完璧主義を求めると、人に会うのが怖くなる。100人に出会ったら、100人から好かれるなどという、とんでもないほど高いハードルを設定していたら、人間関係も苦痛になるに決まっている。

70点主義、あるいはもっと低く、40点主義くらいにしておけば、人づき合いもラクになる。なにしろ、全員に好かれる必要はないのだから。10人中、せいぜい4人に好かれればいいや、ということならプレッシャーも感じない。

あらゆる仕事で100点が求められるということはあるのだろうか。

特殊な専門職なら、そういうこともあるのかもしれない。ほんの少しでも手抜きをすると、大きな事故につながるとか、人命にかかわるとか、そういう仕事でなら、手抜きはできないであろう。

しかし、そうでないのなら、そんなに100点を目指さなくても大丈夫である。70点もとれれば、十分に満足できる結果なのではないだろうか。

ビジネス文書を書くときに、推敲《すいこう》に推敲を重ねて、100点の仕上がりにする必要は、本当にあるのだろうか。箇条書きをリストにするだけのシンプルな文書でも、許してもらえるのではないか。

100点満点を目指すのは、面倒なだけ。

少しだけハードルを下げて、70点くらいで合格ということにさせてもらおう。

実際には、70点もとっていれば大丈夫であることのほうが多い。完璧を目指すのはけっこうなことであるが、それが心理的に苦痛なら、こっそりとハードルを下げてしまうことも大切なことである。

51 「やるべきことは1つに絞り、分散しないこと」

私たちの精神力は、体力と同じようなものである。

ずっと走り続けて体力がなくなったら、それ以上は、走るのはムリである。

同じように、精神力だって、使っているうちに「使い果たしてしまう」ことが少なくない。にもかかわらず、なぜか精神力だけは無尽蔵で、いくらでも出せると誤解している人が多い。

精神力を使い果たしてしまえば、当然ながら、やる気も出なくなる。

「だらしないヤツだな。もっと頑張れ！」

「サボっていてどうする。もっと粘れ！」

そんなふうに自分に言い聞かせても、精神力を出せるわけがない。疲れ切って体力がなくなっているのに、「もっと走れ」と言われても不可能であるのと同じである。精神力を使い果たした人は、それ以上は、精神力を要する作業ができなくなる。

24時間も禁煙した人は、タバコを吸いたいという欲求を我慢することで精神力を使い果たしている。

そして、こういう人は、他の欲求に対しての自制がきかなくなり、たとえばアイスクリームをドカ食いしてしまったりする。

ある欲求を我慢することで精神力を使い果たした人は、他の欲求に対してはものすごく弱くなってしまうのである。タバコを我慢し、アイスも我慢する、というわけにはいかないのである。

こんな話をすると読者のみなさんはビックリすると思うが、**ダイエットをしている人は、浮気しやすくなる。**

これはスタンフォード大学のケリー・マクゴニガルが指摘しているのであるが、食事を我慢することで精神力を使い果たしている人は、他の誘惑に対しては、屈服しやすくなってしまうのである。

なんでもかんでも我慢しなさい、というのはムリである。

したがって、本当に自分が必要とするところでだけ精神力を使うようにし、その他のところでは、「だらけるのを許す」ことも大切なことである。

外で遊ぶのもいけない、家の中でゲームをするのもよくない、テレビ番組もバラエティは見てはいけない、お菓子も食べてはいけない、と子どもに求める親がいるとしよう。しかし、子どもだって、そんなにいっぱい精神力を使えるわけではないので、こんなことを求められていたら心がパンクしてしまう。

そのため、「一日1時間のお勉強だけは頑張ろうね」と勉強でだけ精神力を使わせ、勉強が終わったらダラダラすることを認めなければならない。精神力には限りがあるのだから、使うべきところで使うようにしたほうがいいのだ。

よくある自己啓発本などを読むと、人間の精神力が、さも無尽蔵の能力を秘めているように書かれているが、それはウソである。人間は、そんなに禁欲的にはなれない。どこかで我慢したら、どこかで手を抜いたり、気を抜いたりしなければ、とてもやっていけるわけがないのである。

精神力には限界がある、あれもこれもはNG

52 「ビッグステップ」ではなく「スモールステップ」で自分は変われる

今から2500年以上も前のお話である。お釈迦さまは、自らを極限まで追い込む苦行の末、「苦行は無意味である。苦行などをする必要はない」と悟ったといわれている。

かつての日本軍では、根性をつけるために、何十キロもの装備を担いで、倒れるまで走らせるという訓練をしていた。今でも、一部の高校の部活などでは、その種の訓練をさせているところはある。

けれども、そうやって自分を極限まで追い込まないと、根性はつかないのだろうか。

決してそうではない。

意志力を鍛えるのは、自分を徹底的にイジメることではない。そんなことをしても意志力はつかない。

たしかに、少しは我慢することも学ばなければならないが、自分が我慢できる範囲で「ちょっとずつ」鍛えていくほうがよい。

毎日、100回の腕立て伏せをやらなくても、最初は5回、10回でかまわない。むしろ、最初に意気込みすぎると、後が続かなくなってしまう。

千葉大学名誉教授の多湖輝さんは、『まず動く』（高木書房）という本の中で、「三日坊主であろうが、とにかく何かやったほうがいい。動かなければ何も変わらない。なおかつ、**三日坊主を30回も続ければ、トータルで3か月もやったことになる**」という趣旨のことを述べている。

まずは小さなところからスタートしたほうが、私たちはやる気になる。

最初にあまり厳しく自分をイジメようとすると、挫折するのも早い。

だから、最初は負担にならないようなレベルからスタートしたほうが、結果としては、長く継続することができるのである。これを**「スモール・ステップの原理」**という。一段一段が高い階段を上るのは苦痛であるが、一段一段が低ければ、最初はホイホイと駆け上がることができるので、やる気に勢いがつくのである。

意志力を鍛えようと思い立った人は、ついついとても高いハードルを己に課してしまう。そのほうが意志力を鍛えられるのだと思ってしまうのであろう。お釈迦さまも、最初はそうだった。苦行が厳しければ厳しいほど、自己鍛錬に効果的だと思っていたのである。

しかし、それは大いなる誤解というものである。

実際には、そんなことをしても意志力は鍛えられない。ただただ、自分をイジメる結果にしかならない。

むしろ、最初は、まったく自分にとってラクすぎると思われるくらいのところからスタートしよう。毎日だと疲れるというのなら、休み休みでもかまわない。三日坊主でも、それを30回もくり返すことができれば、十分に自分を変えることができるはずだ。

無理なく少しずつでうまくいく

晴れた日に頑張れ

私たちの調子は、日によって違う。

だから、調子のいいときに、まとめてこなして「貯金」をしておこう、という話をした。あらかじめ貯金しておけば、やる気のない日があって生産性が落ちても、何とか乗り切れるからである。

これに関連して一つアドバイスしておくと、「よく晴れた日」にこそ、たっぷりと貯金をしておきたい。

なぜなら、私たちは、天気が晴れだと自然と気分も高揚するものだからだ。

よく晴れた日にこそ、普段の2倍も、3倍も頑張って貯金をしておくようにするといい。そうすれば調子の悪い日がきても大丈夫だ。

ドイツにあるハイデルベルク大学のノーベルト・シュワーツは、いろいろな天気の日に、人生の満足度と幸福度を測定するアンケートを実施してみたのだが、晴れの日ほど、どちらも高くなる傾向があったという。

「あなたは人生に満足していますか?」という質問を晴れの日に受けると、みな「満足している」と答えるのに対して、どんよりした曇りの日などには、「満足していない」という回答が多くなったのだ。私たちは、無意識のうちに、天気の影響も受けているのである。

「どうも今日は気分が乗らない」という日は、ひょっとすると天気が悪いのかもしれない。逆に、「なんだか今日は調子がいいな」と感じる日は、おそらく雲一つない晴天なのであろう。

もうひとつ面白いデータを紹介しよう。

オハイオ州立大学のデビッド・ハーシュレイファーは、26か国の株価のデータと、それぞれの国の朝の天気との関連性を調べてみた。調べたデータは15年分である。

すると、朝の天気が晴れであると、株価は上がる傾向があったという。晴れていると、人々はウキウキして浮かれてくる。そのため株価も上がるのではないか、とハーシュレイファーは解釈している。

天気が晴れだと、普段はあまりやる気がないような人でも、多少はやる気が出てくるはずだ。気分が高揚して、仕事もやりやすいと感じるに違いない。だから、そんな日に、まとめて貯金をしておくのがよいわけである。

気分が乗らない日に、頑張るのはただ辛いだけである。

そんな日は、ムリに頑張ろうとしても、なかなか頑張れるものではない。

だから、そういう日がくることを見越して、気分が乗りに乗りやすい晴れた日に、将来の分まで頑張ってこなしてしまうのが賢いやり方というものであろう。

いっそのこと「やらない」勇気を持て

ハーバード・ビジネス・スクールのマイケル・ポーターは、『競争の戦略』（ダイヤモンド社）の中で述べている、「戦略とは、〝何をやらないか〟を決めること」であると。

あれもこれもやろうとしても、結局は、うまくいかない。力が拡散してしまうからだ。

自分が何をやりたいのか、何をやりたくないのかを、まずはっきりさせよう。

そして、自分がやりたいことに傾注することにし、やりたくないものは極力やらないことにするのである。

私は、パソコンを買い替えるときに、各種設定やら、古いパソコンからのデータの移行などをすべて業者にお願いしている。自分で覚える気がないし、やりたくないからである。少々お金はかかるが、私にとって面倒なことをやらずにすむことは、非常に気がラクだ。

また、私は税金対策のようなものをやらない。節税のことをあれこれと考えるのが面倒くさくてしかたないので、すべて税理士さんにおまかせしている。私も一応は会社の経営者なのだが、興味がないことなのでやらない。

私がやりたいのは、心理学の文献を読むことと、原稿を執筆することだけである。人に会うのも面倒なので、すべてメールでのやりとりが基本とさせてもらっている。好きな人には会いに行くが、きわめて少数である。

また私は大学で講義をするのは好きなのだが、

その他の煩雑な雑事はやらないし、委員会やら会議には出たくない。そのため専任の先生でなく、非常勤の先生で気楽に講義だけをさせていただいている。

みなさんが抱えている仕事は、本当にみなさんがやらなければならないことなのか、よく考えてみるといい。

ひょっとしたら、だれか他の人に代わってもらうことだって、できるかもしれない。みなさんにとっては苦痛なことでも、他の人にとってはそんなに気にならないことかもしれないからである。

もちろん、自分の仕事を代わりにやってもらうためには、こちらも相手の仕事を代わりにやってあげなければならなくなるであろう。

相手が自分の部下なら、そっくりまかせても大丈夫かもしれないが、そうでないのなら、お互いの関係をフェアにするためにも、少々の仕事を抱え込むのはしかたない。それでも、自分がやりたくないことを他人に代わってもらうほうが、精神的にはラクである。

やりたくないことは、できるだけやらないようにしよう。

やりたくないなと感じながらやっても、どうせうまくいくわけがないし、効率も悪い。それよりは自分のやりたい仕事、あるいは得意な仕事に専念させてもらったほうがいい。お互いに仕事をギブ・アンド・テイクしながら、お互いに満足のいく形で「分業」させてもらうのがポイントである。

おわりに

人間は、だれでも面倒くさがり屋の生き物である。人類は、乗り物を発明した。「自分で計算するのが面倒くさいな」と考えたからこそ、電卓や、コンピュータが生まれた。「料理を作るのが面倒くさい」と考えたからこそ、外食産業や、お総菜屋さん、コンビニ、スーパーマーケットというサービスも生まれた。

人類の発明の歴史は、すべて「面倒くさい」という欲求から生まれたといえなくもない。

だから、みなさんが普段の生活の中で、「あ〜、面倒くさい」と感じることは、決しておかしなことではないし、それか新たな発明を生み出す原動力になる、ともいえる。

もちろん、そんなことを考えて、自分を納得させたり、正当化しようとしてみても、それでもやっぱり面倒なことには取り組まなければならないのが現実である。面倒なことから、逃げられない以上は、何とかして自分をごまかし、ごまかしながら、面倒なことを片づけていかなければならない。

では、どうすれば面倒くさいと感じずに、こなせるのか。

そのための心理テクニックをご紹介してきたのが、本書である。

面倒くさいと感じにくくする思考テクニックから、すぐに実践できる行動的なテクニックまで、バラエティに富んだやり方をご紹介してきた。これらのテクニックを複合的に組み合わせれば、かなりの程度まで、面倒くさいと感じることなく、仕事でも、勉強でも、家事でも、何でもこなせるようになるのではないか、と思う。

ただし、本書のテクニックを使っても、それでもやっぱり「やりたくない」というのであれば、それはもうどうしようもない。「もうムリ！」と早い段階で見極めて、放り出してしまおう。「後は野となれ山となれ」の精神で、たまにはそっくり投げ出してしまうのも、精神的な健康を保つためには、必要なことだろうと思う。

作家の江戸川乱歩は、仕事で煮詰まると、仕事場から逃げ出すことが再三あったといわれている。同じようなことをする漫画家や作家はたくさんいる。たまには逃げ出して休んでしまうことも、きっと私たちには必要なのであろう。

さて、本書の執筆にあたっては青春出版社プライム涌光編集部の野島純子さんにお世話になった。この場を借りてお礼を申し上げたい。「面倒くさい」というテーマなのに、「これっぽっちも面倒くさくない」と私が感じられるように配慮してくださり、何とか完成にこぎつけることができた。心から感謝している。

最後になってしまったが、読者のみなさまにもお礼を申し上げる。最後までお付き合いくださり、ありがとうございます。面倒な世の中ではありますが、面倒くさがらずに、一緒に頑張りましょう。それではまた、みなさまにお目にかかることを願いながら、筆をおきます。

内藤　誼人

illness reports and desire, for suing the responsible party. Journal of Psychology ,136, 125-140.
Lowery, C. M., Beadles, N. A. II ., & Krilowicz, T. J. 2002 Note on the relationships among job satisfaction, organizational commitment, and organizational citizenship
マクゴニガル ,K.（神崎朗子訳） 2012 スタンフォードの自分を変える教室 大和書房
Montepare, J. M., & Zebrowitz-McArthur, L. 1988 Impressions of people created by age-related qualities of their gaits. Journal of Personality and Social Psychology ,55, 547-556.
Muraven, M., Tice, D. M., & Baumeister, R. F. 1998 Self-control as limited resource: Regulatory depletion patterns. Journal of Personality and Social Psychology ,74, 774-789.
Neuhoff, C. C., & Schaffer, C. 2002 Effects of laughing, smiling, and howling on mood. Psychological Reports ,91, 1079-1080.
Newby-Clark, I. R., Ross, M., Buehler, R., Koehler, D. J., & Griffin, D. 2000 People focus on optimistic scenarios and disregard pessimistic scenarios while predicting task completion times. Journal of Experimental Psychology:Applied ,6, 171-182.
Palmer, L. K. 1995 Effects of a walking program on a attributional style, depression, and self-esteem in women. Psychological Reports ,81, 891-898.
Polivy, J., & Herman, C. P. 2002 If at first you don' t succeed: False hopes of self-change. American Psychologist ,57, 677-689.
Pool, M. M., Koolstra, C. M., & Voort, T. H. A. V. 2003 The impact of background radio and television on high school students homework performance. Journal of Communication, 53, 74-87.
Radel, R., Sarrazin, P., Legrain, P., & Wild, T. C. 2010 Social contagion of motivation between teacher and student: Analyzing underlying processes. Journal of Educational Psychology ,102, 577-587.
Ryder, D. 1999 Deciding to change: Enhancing client motivation to change behavior. Behavior Change ,16, 165-174.
Schippers, M. C., & Van Lange, P. A. M. 2006 The psychological benefits of superstitious rituals in top sport: A study among top sportspersons. Journal of Applied Social Psychology ,36, 2532-2553.
Schmitt, D. P. 2002 Personality, attachment and sexuality related to dating relationship outcomes: Contrasting three perspectives on personal attribute interaction. British Journal of Social Psychology ,41, 589-610.
Schneider, J. F. 2002 Relations among self-talk, self-consciousness, and self knowledge. Psychological Reports ,91, 807-812.
Schwarz, N., & Clore, G. L. 1983 Mood, misattribution, and judgments of well-being: Informative and directive functions of affective status. Journal of Personality and Social Psychology ,45, 513-523.
Sinaceur, M., & Tiedens, L. Z. 2006 Get mad and get more than even: When and why anger expression is effective in negotiations. Journal of Experimental Social Psychology,42, 314-322.
Stone, N. J. 2003 Environmental view and color for a simulated telemarketing task. Journal of Environmental Psychology ,23, 63-78.
Sy, T., Cote, S., & Saavedra, R. 2005 The contagious leader: Impact of the leader' s mood on the mood of group affective tone, and group processes. Journal of Applied Psychology ,90, 295-305.
Wanous, J. P. 1974 Individual differences and reactions to job characteristics. Journal of Applied Psychology ,59, 616-622.
Wansink, B., & Kim, J. 2005 Bad popcorn in big buckets: Portion size can influence intake as much as taste. Journal of Nutrition Education and Behavior ,37, 242-245.
Watts, B. L., 1982 Individual differences in circadian activity rhythms and their effects on roommate relationships. Journal of Personality ,50, 374-384.
Wegner, D. M., Broome, A., & Blumberg, S. J. 1997 Ironic effects of trying to relax under stress. Behavioral Research and Therapy ,35, 11-21.
Wexley, K. N., & Baldwin, T. T. 1986 Post-training strategies for facilitating positive transfer: An empirical exploration. Academy of Management Journal ,29, 503-520.
Worringham, C. J., & Messick, D. M. 1983 Social facilitation of running: An unobtrusive study. Journal of Social Psychology ,121, 23-29.

参考文献

Barling, J., Kelloway, E. K., & Cheung, D. 1996 Time management and achievement striving interact to predict can sales performance. Journal of Applied Psychology ,81, 821-826.
Beaman, A. L., Klentz, B., Diener, E., & Svanum, S. 1979 Self-awareness and transgression in children: Two field studies. Journal of Personality and Social Psychology ,37, 1835-1846.
Bluedorn, A. C., Turban, D. B., & Love, M. S. 1999 The effect of stand-up and sit-down meeting formats on meeting outcomes. Journal of Applied Psychology ,84, 277-285.
Brace, J. J., Morton, J. B., & Munakata, Y. 2006 When actions speak louder than words: Improving children's flexibility in a card-sorting task. Psychological Science ,17, 665-669.
Brinol, P., Petty, R. E., & Wagner, B. 2009 Body posture effects on self-evaluation: A self-validation approach. European Journal of Social Psychology ,39, 1053-1064.
Brownlow, S., & Reasinger, R. D. 2000 Putting off until tomorrow what is better done today: Academic procrastination as a function of motivation toward college work. Journal of Social Behavior and Personality ,15, 15-34.
Carton, A. M., & Aiello, J. R. 2009 Control and anticipation of social interruptions: Reduced stress and improved task performance. Journal of Applied Social Psychology ,39, 169-185.
Childers, T. L., & Houston, M. T. 1984 Conditions for a picture-superiority effect on consumer memory. Journal of Consumer Research ,11, 643-654.
クーエ ,E.(林陽訳) 2009 暗示で心と体を癒しなさい! かんき出版
Cunningham, M. R. 1997 Social allergens and the reactions that they produce: Escalation of annoyance and disgust in love and work. In Aversive Interpersonal Behaviors , edited by R. M. Kowalski. New York: Plenum Press.
Dawes, R. M., Van de Kragt, A. J. C., & Orbell, J. M. 1988 Not me or thee but we: The importance of group identity in eliciting cooperation in dilemma situations: Experimental manipulations. Acta Psychologica ,68, 83-97.
Festinger, L. 1957 A theory of cognitive dissonance. Stanford University Press.
Funder, D. C., & Sneed, C. D. 1993 Behavioral manifestations of personality: An ecological approach to judgmental accuracy. Journal of Personality and Social Psychology ,64, 479-490.
Gneezy, U., & Rustichini,A. 2000 Pay enough or don't pay at all. Journal of Economics ,115, 791-810.
Hagger, N. S., & Chatzisarantis, N. L. D. 2013 The sweet taste of success: The presence of Glucose in the oral cavity moderates the depletion of self-control resources. Personality and Social Psychology Bulletin ,39, 28-42.
Hartman, E. 1973 The functions of sleep. Yale University Press.
Hirshleifer, D., & Shumway, T. 2003 Good day sunshine: Stock returns and the weather. Journal of Finance, 58, 1009-1032.
Huffmeier, J., Krumm, S., Kanthak, J., & Hertel, G. 2012 "Don't let the group down" : Facets of instrumentality moderate the motivating effects of groups in a field experiment. European Journal of Social Psychology ,42, 533-538.
Jacobs, R., & Kozlowski, S. W. J. 1985 A closer look at halo error in performance ratings. Academy of Management Journal ,28, 201-212.
Kross, E., & Grossmann, I. 2012 Boosting wisdom: Distance from the self enhances wise reasoning, attitudes, and behavior. Journal of Experimental Psychology : General ,141, 43-48.
Kruger, J., & Evans, M. 2004 If you don't want to be late, enumerate: Unpacking reduces the planning fallacy. Journal of Experimental Social Psychology ,40, 586-598.
Lammers, J., Stoker, J. I., & Stapel, D. K. 2010 Power and behavioral approach orientation in existing power relations and the mediating effect of income. European Journal of Social Psychology ,40, 543-551.
Lee, L., Frederick, S., & Ariely, D. 2006 Try it, you'll like it: The influence of expectation, consumption, and revelation on preferences for beer. Psychological Science ,17, 1054-1058.
Levin, J., & Arluke, A. 1985 An exploratory analysis of sex differences in gossip. Sex Roles ,12, 281-286.
Lim, N., Ahearne, M. J., & Ham, S. H. 2009 Designing sales contests: Does the prize structure matter? Journal of Marketing Research ,46, 356-371.
Lindberg, M. A. 2002 The role of suggestions and personality characteristics in producing

青春新書
PLAYBOOKS
人生を自由自在に活動《プレイ》する

人生の活動源として

いま要求される新しい気運は、最も現実的な生々しい時代に吐息する大衆の活力と活動源である。

文明はすべてを合理化し、自主的精神はますます衰退に瀕し、自由は奪われようとしている今日、プレイブックスに課せられた役割と必要は広く新鮮な願いとなろう。

いわゆる知識人にもとめる書物は数多く窺うまでもない。

本刊行は、在来の観念類型を打破し、謂わば現代生活の機能に即する潤滑油として、逞しい生命を吹込もうとするものである。

われわれの現状は、埃りと騒音に紛れ、雑踏に苛まれ、あくせく追われる仕事に、日々の不安は健全な精神生活を妨げる圧迫感となり、まさに現実はストレス症状を呈している。

プレイブックスは、それらすべてのうっ積を吹きとばし、自由闊達な活動力を培養し、勇気と自信を生みだす最も楽しいシリーズたらんことを、われわれは鋭意貫かんとするものである。

―創始者のことば―　小澤和一

著者紹介

内藤誼人〈ないとう よしひと〉

心理学者。立正大学客員教授。

慶應義塾大学大学院社会学研究科博士課程修了。㈲アンギルド代表取締役。社会心理学の知見をベースに、ビジネスや恋愛、対人関係などの場で使える実践的な心理学の応用に力を注いでいる。著書に、『人はなぜ、「そっち」を選んでしまうのか―知らないとコワい選択の心理学』(小社刊)ほか、『「人たらし」のブラック心理術』『人は「暗示」で9割動く!』(以上、大和書房)、『すごい! ホメ方』(廣済堂出版)、『ワルの恋愛術』(河出書房新社)などがある。

本書では、誰でも簡単に自分の思考と感情をコントロールでき、「めんどくさがりや」な自分を変える心理テクニックを紹介した。


自分《じぶん》の中《なか》から「めんどくさい」心《こころ》に出《で》ていってもらう本《ほん》

青春新書 PLAYBOOKS

2016年6月20日　第1刷

著　者　内《ない》藤《とう》誼《よし》人《ひと》

発行者　小澤源太郎

責任編集　株式会社プライム涌光

電話　編集部　03(3203)2850

発行所　東京都新宿区若松町12番1号 〒162-0056　株式会社青春出版社

電話　営業部　03(3207)1916　振替番号　00190-7-98602

印刷・図書印刷　製本・フォーネット社

ISBN978-4-413-21063-8

青春新書 PLAYBOOKS

人生を自由自在に活動する——プレイブックス

ゴルフ 読むだけで迷いなく打てる
パッティングの極意

永井延宏

あなたの「1パット圏内」が読むだけで広くなる!

P-1060

引きずらないコツ

和田秀樹

不安、イライラ、人間関係、他人の言葉……感情のザワつきが一瞬で消える。

P-1061

「敬語」と「マナー」は一緒に覚えるとうまくいく!

知的生活研究所[編]

「正しい敬語」でも「マナー違反」で恥をかいてはもったいない。これ一冊で大人のふるまいをマスター!

P-1062

自分の中から「めんどくさい」心に出ていってもらう本

内藤誼人

やる気や集中力は生まれつきじゃない! ちょっとした仕掛けで自分を変える本

P-1063

お願い　ページわりの関係からここでは一部の既刊本しか掲載してありません。折り込みの出版案内もご参考にご覧ください。